名师名校名校长

凝聚名师共识
回应名师关怀
打造名师品牌
培育名师群体

顾明远题

以体育人

——幼儿园体育活动的实践与研究

彭盛斌 缪洋 著

西南大学出版社
国家一级出版社 全国百佳图书出版单位

图书在版编目（CIP）数据

以体育人：幼儿园体育活动的实践与研究 / 彭盛斌，缪洋著. -- 重庆：西南大学出版社，2024.10
ISBN 978-7-5697-2167-6

Ⅰ．①以… Ⅱ．①彭… Ⅲ．①体育课－教学研究－学前教育 Ⅳ．①G613.7

中国国家版本馆CIP数据核字(2024)第026032号

以体育人——幼儿园体育活动的实践与研究
YI TI YUREN —— YOU'ERYUAN TIYU HUODONG DE SHIJIAN YU YANJIU

彭盛斌　缪洋　著

责任编辑：	吴　欢
责任校对：	万劲松
装帧设计：	言之凿
出版发行：	西南大学出版社（原西南师范大学出版社）
地　址：	重庆市北碚区天生路2号
邮　编：	400715
印　刷：	北京政采印刷服务有限公司
成品尺寸：	170 mm×240 mm
印　张：	15.25
字　数：	209千字
版　次：	2024年10月　第1版
印　次：	2024年10月　第1次印刷
书　号：	ISBN 978-7-5697-2167-6
定　价：	58.00元

序 言

《以体育人——幼儿园体育活动的实践与研究》这本书旨在从理论和实践两个层面对幼儿园体育活动的发展历史以及现状进行探索和研究。通过对幼儿园体育活动的历史沿革、目标和内容、教育实践等方面的梳理和阐述,全面呈现了幼儿园体育教育的现状和发展趋势。幼儿园体育活动不仅关乎幼儿体质的增强,也是促进幼儿认知、情绪情感和社会性等方面良好发展的重要途径。

从历史的角度来看,幼儿园体育活动经历了从独立学科到融入健康领域的转变,反映了教育理念和教学要求的不断演进。本书回顾了这一演变过程,并分析了其中的原因和影响。

在理论层面,本书深入挖掘了体育活动对幼儿全面发展的重要性,强调了体育活动在促进幼儿身心健康方面的核心作用。本书提供了大量关于幼儿园体育活动的实证研究,这些研究结果有助于完善学前教育领域的理论体系,特别是在幼儿体育教育方面的理论构建。文中把常见的体育活动组织形式分为早操活动、体育教学活动、户外体育游戏活动、大型体育活动四个大类,并进行了详细分析。通过各种组织形式的阐述,让更多从事幼儿体育教育的人士了解各类型的组织形式对幼儿发展的具体目的和意义,做到有的放矢,厘清思路,让大家明白应该做什么和应该怎样做。

在实践层面,本书提供了丰富的案例分析,涵盖了幼儿体育活动的设计、实施和评价全过程,旨在帮助读者理解如何在尊重幼儿个体差异的基础上,开展有效的体育教学。书中包含的丰富案例分析和实践经验,为幼教工作者提供了宝贵的实践指导，有助于他们在日常教学中设计和实施更加有效的体育活动。书中提供的研究和建议，可以帮助幼教工作者发现现有教育实践中的不足，从而采取有针对性的改进措施，以提高幼儿体育活动的质量和效果。

本书不仅适用于幼儿教育工作者，也为家长提供了有关幼儿体育活动的重要信息，帮助家长在家庭教育中实施科学合理的体育活动。

本书作者彭盛斌毕业于武汉体育学院，现为广州体育学院体育教育学院客座教授、广州大学教育学院学前教育专业校外研究生导师，扎根一线，深耕幼儿体育26年，一直在幼儿体育研究的道路上不断进步，引领了很多的幼儿园开展体育活动，终于在今年把自己多年的研究心得、实践经验整理成书。另一作者缪洋研究生毕业后也一直在幼儿体育一线开展研究，能够灵活运用教育学、心理学和体育学等领域知识，始终保持敏锐的洞察力和创新精神，设计丰富多样的幼儿体育活动和游戏，努力将先进的理念和方法融入幼教实践之中。作者团队由一群热衷于幼儿教育的研究者和实践者组成，他们深入浅出地剖析了体育活动如何影响幼儿的全面发展，并提供了丰富的案例和实证研究以支持其观点。通过这些内容，读者不仅能学到理论知识，还能获得可应用于活动中的实践策略。

《以体育人——幼儿园体育活动的实践与研究》是一本宝贵的幼儿教育资源。希望广大读者通过阅读本书，进一步提高对幼儿体育活动的理论和实践的认识，提升幼儿园体育活动的质量，为幼儿的终身发展奠定坚实的基础。

刘 馨
2024年5月于北京师范大学

前言

2018年9月10日，习近平总书记在全国教育大会上指出：要树立"健康第一"的教育理念，开齐开足体育课，帮助学生在体育锻炼中享受乐趣、增强体质、健全人格、锤炼意志。幼儿园作为启蒙教育阶段更应如此，体育活动的目的不再局限于增强体质，还承载着健全人格、锤炼意志的育人任务。此外，幼儿园体育活动还要以游戏为主要活动形式，让幼儿在增强体质、健全人格、锤炼意志的过程中享受到体育锻炼的乐趣。

近年来，随着教育理念的不断更新，越来越多一线幼教工作者开始认识到，每天不少于1小时的体育活动在幼儿园生活中具有举足轻重的作用。为了深入探索体育活动在幼儿园教育中的实践与应用，我们特编写了《以体育人——幼儿园体育活动的实践与研究》一书，以期抛砖引玉，为幼儿园科学、有效地开展丰富多样的体育活动提供有益参考和借鉴。全书共分六章。第一章"幼儿园体育活动概述"对幼儿体育的发展历程、相关概念、意义进行梳理和阐述，为后文打下理论基础。第二章"幼儿园体育活动的目标和内容"结合幼儿的身心发展特点，提出幼儿园体育活动的具体目标和内容，为教育工作者提供明确的指导。第三章至第六章分别就早操活动、体育教学活动、户外体育游戏活动和大型体育活动的实践与研究进行详细的探讨，结合多年教育教学实践的具体案例，展示各种体育活动的实施方法和策略。

本书力求做到理论与实践相结合，既注重理论的前瞻性和指导性，又注重实践的可操作性和实效性。我们希望通过本书的研究，能够为广大幼教工作者提供一些新的思路和方法，帮助他们更好地开展幼儿园体育活动，促进幼儿身心全面发展。

在编写本书的过程中，恰逢笔者担任"广东省幼儿园名教师工作室"主持人，也是全省唯一一个以幼儿体育为研究方向的工作室，工作室学员们凭借他们丰富的实践经验，为本书的顺利完稿贡献了智慧。工作室学员广州市花都区深航幼儿园潘天苏、华南农业大学幼儿园伍华春主要参与了第五章、第六章的编写；工作室学员广州市越秀区人民北路幼儿园邓伟和广州市第二幼儿园陈苍、彭松山提供了诸多有趣、好玩的体育教学活动实践案例；工作室网络学员广州市海珠区海鸥幼儿园黄山，广州市荔湾区梁家祠幼儿园全娟、关雪年、叶倩红提供了规范、有特色的早操活动案例。同时，我们也希望本书能够得到广大读者的关注和支持，共同推动幼儿园体育事业的发展。

诚然，本书是一本试图归纳和总结教育教学实践的书籍，难免会有其主观性、局限性和不足之处。在阅读本书时，读者需要保持一种批判性思维和审慎开放的态度，既要认真学习和借鉴其中的有益经验，也要结合自己的实际情况进行思考和判断。同时，读者还需要结合幼儿园实际情况和地域特征进行应用，并不断更新自己的知识和技能，以应对教育教学实践中出现的新挑战和新问题。

彭盛斌
广州市儿童福利会幼儿园

目 录

第一章　幼儿园体育活动概述
第一节　教育政策视角下幼儿体育的发展历程 …………… 2
第二节　幼儿园体育活动的相关概念 …………………… 13
第三节　幼儿园体育活动对幼儿发展的意义 …………… 22

第二章　幼儿园体育活动的目标和内容
第一节　幼儿园体育活动的目标 ………………………… 26
第二节　幼儿园体育活动的内容 ………………………… 30

第三章　早操活动的实践与研究
第一节　早操活动的意义 ………………………………… 36
第二节　早操活动的结构 ………………………………… 42
第三节　早操活动的创编原则 …………………………… 49
第四节　早操活动的创编步骤和案例 …………………… 56

第四章　体育教学活动的实践与研究
第一节　体育教学活动的意义 …………………………… 80
第二节　体育教学活动的组织与实施 …………………… 82
第三节　体育教学活动实践案例 ………………………… 89

第五章　户外体育游戏活动的实践与研究

- 第一节　户外体育游戏活动的意义 ······ 146
- 第二节　户外体育游戏活动的基本组织形式 ······ 153
- 第三节　户外体育游戏活动的环境创设与材料投放 ······ 167
- 第四节　户外体育游戏活动实践案例 ······ 177

第六章　大型体育活动的实践与研究

- 第一节　大型体育活动的意义 ······ 204
- 第二节　大型体育活动的特点 ······ 209
- 第三节　大型体育活动的组织与策划 ······ 212
- 第四节　大型体育活动实践案例 ······ 220

参考文献 ······ 228

第一章

幼儿园体育活动概述

幼儿园体育活动对于幼儿的学习与发展有着独特的价值和意义，因此重视体育活动是当今学前教育的重要特点之一。

第一节 教育政策视角下幼儿体育的发展历程

一、当代词语"体育"的出现

"体育"作为一种社会活动,虽然具有悠久的历史,但是"体育"一词却出现得较晚。早在两千多年前,由西周时期著名政治家、思想家、文学家、军事家周公旦编著的《周礼·地官司徒·保氏》中提到:"养国子以道。乃教之六艺:一曰五礼,二曰六乐,三曰五射,四曰五驭,五曰六书,六曰九数。"这是周王官学要求学生掌握的六种基本才能——礼、乐、射、御、书、数,即"六艺"。其中,"射"为射箭技能,"御"为驾驭马车与战车技术,此两者与"体育"直接相关。此后,与"体育"这一活动过程相似的投壶、摔跤、蹴鞠、角力、武术、体操等活动日益兴起,但始终没有一个统一的称谓。

直到清末民初时期,"体育"一词才被引进到中国。非常巧合的是,该词的出现和幼儿教育联系颇深。1897年10月,维新人士叶瀚、曾广铨、汪康年和汪钟霖等在上海创办儿童启蒙教育刊物《蒙学报》。同年11月,《蒙学报》第一期刊登古城贞吉的文章《蒙学会东文书报译例》,其对《蒙学报》计划刊登的日本图书和报刊进行了举例,"体育"在文中多次出现,部分摘录如下:

"译东文书报,于教育童蒙之法,约分三纲,一曰德育,一曰智育,一曰体育。"

"地理书。水土之宜，体育攸关。地势气化之理，智育攸关。疆土之连隔，政俗之同异，德育攸关。故地理兼德育、智育、体育三门。"

"乳哺劬劳，儿童一生之体质，强弱所关，则体育之事也。家居习气，儿童一生之智计，明暗所关，则智育之事也。故母仪兼属德育、智育、体育三门。"

"娱儿童说话及体操法。此属体育一门。"

"体质强弱，居养亦异。立学设教，必就其人性之所近，否则败矣。此属体育一门，而为智育、德育二门之初阶也。"

由此可见，自"体育"出现之初，就与幼儿教育密不可分。因此，"体育"成为幼儿教育的主要内容之一，不仅关乎儿童体质的发展，还是智育、德育的开端和基础。

二、中华人民共和国成立前幼儿体育的发展（1903—1949年）

（一）我国第一所公立幼儿教育机构的诞生

1903年9月，湖北巡抚端方在张之洞的大力支持下，在武昌筹办湖北幼稚园，正式开启了我国学前教育近代化的序幕。该园是在学制系统未予接纳的情况下，创办的第一所公立幼儿教育机构。1904年，张之洞拟定了《湖北幼稚园开办章程》，章程提出办园宗旨有三：一是保全身体之健旺，体育发达基此；二是培养天赋之美材，智育发达基此；三是习惯善良之言行，德育发达基此。他将体育置于"德智体"的首位，体现了体育对个人发展的重要意义，也体现了幼儿园的第一要务就是确保幼儿身体健康、精力旺盛。

（二）我国第一部幼儿教育法规的颁布

1904年1月，清政府颁发《奏定学堂章程》，这是中国历史上第一个正式颁布且在全国普遍实行的学制。它根据初等教育、中等教育、高等教育等几个阶段的划分，对学校教育课程设置、教育行政及学校管理等伏特做了明确规定。其中,《奏定蒙养院章程及家庭教育法章程》对蒙养院家庭教育、保育教导要旨及条目、屋场图书器具、管理及人事等方面进行了规定。《奏定蒙养院章程及家庭教育法章程》第二章"保育教导要旨"提出:"保育教导儿童,专在发育其身体,渐启其心知,使之远于绕薄之恶风,习于善良之轨范";"保育教导儿童,当体察幼儿身体气力之所能为,心力知觉之所能及,段不可强授以难记难解之事,或使为疲乏过渡之业"。从教育法规可以看出,幼儿体育从萌芽之初,始终位于保育教育的首要位置,且在教导过程中要尊重个体差异,因材施教,不可拔苗助长。

(三)我国第一个幼儿园课程标准的制定

1932年10月,国民政府教育部发布我国幼教史上的第一个课程标准——《幼稚园课程标准》(于1936年7月修正),对幼稚教育总目标、课程范围、教育方法进行了明确的规定,对幼稚园的保育教育有较强的指导作用。

《幼稚园课程标准》第一部分为幼稚教育总目标,总目标第一点即为"增进幼稚儿童的身心健康"。由此可见,幼稚园教育的首要目标就是培养身心健康的儿童。

《幼稚园课程标准》第二部分为课程范围,包括音乐、故事和儿歌、游戏、社会和常识、工作、静息、餐点七项课程。其中,游戏和工作课程均有涉及幼儿体育教育。

游戏课程的目标(乙)提到:发展筋肉的连合作用,并训练感觉和躯肢的灵活反应。通过节奏的(如听音而作鸟飞兽走等游戏)和舞蹈的游戏、需要简单用具(如秋千、滑梯等用具)的游戏、模拟游戏(如小兵操、猫捉老鼠等模拟动作)、各地方固有的各种良好的游戏来达成目标。游戏课程关于体育的目标侧重于发展身体柔韧性和灵敏、协调能力,游戏形式具有多样性、丰富性,包括体育律动游戏、器械游戏、模仿游戏、民间体育游戏等。

工作课程的目标(乙)提到:培养操作习惯,提高工作技能,并锻炼感觉能力。此目标包括两个分目标,分别为:发育粗大的基本动作,作为日后精细动作发育的基础；使关于身心的各种动作，常常有表演的机会。目标（丙）提到：训练关于群体的活动力，如自信、自重、坚忍、专心、勤奋、互助、热心、服务的精神，遵守秩序的习惯等。可通过沙箱袋排、恩物装置、图画、纸工、泥工等工作来达成目标。由此可见，工作课程关于体育的目标侧重于两个方面：第一方面是发展操作性技能和感觉能力，借助积木活动和一系列贴近生活的手工活动，而非与体育锻炼相关的走、跑、跳、投掷、钻爬等身体活动；第二方面是健全人格、锻炼意志，以及培养领导能力、服从能力、遵守秩序和爱护公物的习惯。

《幼稚园课程标准》第三部分为教育方法要点，列举了十七条能够帮助教师科学有效地实施课程的途径、策略和方法，涵盖儿童在园活动时间安排、活动组织形式、活动材料提供、教师角色定位、教学设计原则、儿童学习方式、儿童体格检查、儿童观察与记录、家园共育等方面。不难发现，教育方法要点中涉及幼儿体育的内容几乎没有，仅在第二条提到"在繁重作业之后，引导儿童作轻便的活动，在桌间作业之间，引导儿童作户外的运动……"，也并没有给出具体的、有针对性的教育建议，可见当时幼稚园体育活动的实践经验尚很缺乏。

三、中华人民共和国成立后、改革开放前幼儿体育的发展（1949—1978年）

随着中华人民共和国的成立，学前教育迎来了前所未有的发展，幼儿体育也得到了前所未有的重视。1949年9月，中国人民政治协商会议第一届全体会议通过《中国人民政治协商会议共同纲领》，其中第五章"文化教育政策"就明确规定："提倡国民体育。推广卫生医药事业，并注意保护母亲、婴儿和儿童的健康。"这也明确了发展体育是增进人民健康、提升国民体质的关键，也可以看出国家对母亲、婴儿和儿童健康的重视。1951年10月，中央人民政府政务院公布《关于改革学制的决定》，其中"幼儿教育"规定："实施幼儿教育的组织为幼儿园。幼儿园收三足岁到七足岁的幼儿，使他们的身心在入小学前获得健全的发育。"自此，沿用了30年的"幼稚园"改为"幼儿园"，幼儿教育也和初等教育、中等教育、高等教育一样，成了人民教育事业的重要组成部分。

在国家政策的指引下，与幼儿园相关的政策法规文件陆续出台，我们也可以从不同角度见证幼儿体育的发展与变迁。1951年，第一次全国初等教育会议通过了《幼儿园暂行规程（草案）》和《幼儿园暂行教学纲要（草案）》，这是新中国成立后颁布最早的幼儿教育法规文件，标志着我国幼儿园制度的形成。《幼儿园暂行规程（草案）》中规定幼儿园要有目的、有系统、有组织地对幼儿进行初步的、全面发展的教养工作，其主要目标是使幼儿能有体、智、德、美四个方面的发展，使他们的身心在入小学前获得健全的发育。所以，一直以来，幼儿教育对体育的重视是坚定不移的，对体育的价值是认识充分的。《幼儿园暂行教学纲要（草案）》中则更为详尽地规定了幼儿园每周体育作业的次数（小班1次、中班2次、大班2次）、每次体育作业的时间（小班15～20分钟、中班20～25分钟、大班30分钟），以及各班幼儿的年龄特征和教育要点、教学纲要等内容。当然，这里提到的体育作业，更多的是指体育教学，并不是幼儿园体育活动的全部，每天长时间的户外活动时间也可以有计划地进行锻炼体格的活动。

"幼儿园体育教学纲要"从四个维度介绍了体育的主要目标：①保护并锻炼幼儿的身体，增强他们的抵抗力，发展基本动作；②培养幼儿良好的生活习惯和卫生习惯以及独立性；③培养幼儿对游戏、体操等运动的兴趣，以及灵活、敏捷的动作，并发展其创造能力；④培养幼儿活泼、勇敢、坚毅等精神和团结、友爱、守纪律等集体生活习惯。体育教学的主要内容包括日常生活习惯和卫生习惯、游戏、体操、律动等，对各个年龄阶段幼儿的发展水平提出了不同的要求。以体操的跳跃动作为例，动作内容随着年龄的增长逐渐复杂，从原地双脚跳到立定跳远再到跨跳、单脚跳；同一动作随着年龄的增长逐渐加量，从高处往下跳的高度从10～15厘米到20～30厘米再到30～40厘米。

教材大纲体操部分节选

大纲	小班	中班	大班
体操	跑步： （1）四散自由跑步。 （2）跑圆圈。 （3）沿着直线跑步。 （4）绕着障碍物跑步。 （5）跨过障碍物跑步。 跳跃： （1）原地双脚跳。 （2）从10~15厘米高处跳下。 （3）跳过地上的小障碍物，如绳子、木板、小棍等。 ……	跑步： （1）正确的跑步姿势。 （2）手拿小物成单行跑。 （3）听信号和辨别方向的跑步练习。 （4）在小斜坡上跑上跑下。 （5）跨过障碍物跑步。 跳跃： （1）跑跳步。 （2）立定跳远。 （3）从20~30厘米高处跳下。 （4）跑马跳。 ……	跑步： （1）跑圆圈、曲线、直线。 （2）竞跑。 （3）执行任务跑步。 跳跃： （1）跑步、跳高（越过20~30厘米高的绳子）。 （2）从30~40厘米高处往下跳。 （3）跳绳。 （4）单脚跳。 ……

1956年，教育部发布《教育部关于幼儿园幼儿的作息制度和各项活动的规定》，关于幼儿的体格锻炼问题，再次强调应注意在日常生活中锻炼，特别是要保证每天3~4小时户外活动。1957年，由中央教育部委托北京师范大学编写的指导性文件《幼儿园教育工作指南（初稿）》下发到全国各地使用并征求意见，最终虽未正式发布，但同样提到：体育是幼儿园的基本任务，也是首要任务。

从以上政策法规文件可以看出，幼儿体育得到了相当程度的重视，"健康第一"的精神得到了很好的贯彻。幼儿园体育就如同小学体育一样成为一个必修科目，其内容以文化卫生习惯的培养、体操和活动性游戏为主，有一套较为完整的教学纲要。

然而好景不长，1958年至改革开放前的一段时间，由于社会环境特殊和时代变化的影响，幼儿体育发展缓慢甚至停滞不前。

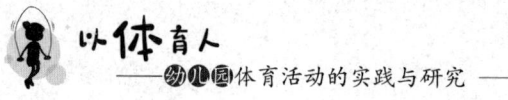

四、改革开放至今幼儿体育的发展（1978年至今）

改革开放特别是21世纪以来，城乡各类园所进入快速恢复和发展阶段，党和国家也将做好幼儿的保健和教育工作列为一项重大战略任务。在此阶段颁布了许多具有重大意义、顺应时代发展的政策法规文件，涉及幼儿园幼儿体育的教育内容与要求、幼儿园卫生保健、幼儿园体育类教玩具配备标准、幼儿园室外活动场地规划和活动器材配备、幼儿足球教学内容和教学大纲等方面，从不同维度规范和促进了幼儿体育的健康发展。

改革开放以来相关政策法规文件有关幼儿体育的论述

颁布时间	政策法规文件名称	有关幼儿体育的论述
1979年	《城市幼儿园工作条例（试行草案）》	要积极地、有计划地、有指导地、因地制宜地开展适合幼儿特点的各种体育锻炼，发展他们体育与运动方面的基本动作，增强他们的体质。
1981年	《幼儿园教育纲要（试行草案）》	幼儿园的教育内容与要求，分为生活卫生习惯、体育活动、思想品德、语言、常识、计算、音乐、美术八个方面。体育活动方面：要锻炼幼儿的身体，促进其正常发育，提高他们对自然环境的适应能力，增强其体质。发展幼儿的基本动作，使他们动作灵敏、协调、姿势正确。培养他们机智、勇敢、遵守纪律等优良品德和活泼开朗的性格。体育活动包括早操和以体育游戏为主的各种体育活动，要就地取材，因地制宜，为幼儿创造开展各种体育游戏的物质条件。每天教师必须让幼儿在户外进行各种体育活动，使他们的身体得到锻炼。有条件的幼儿园，可以开展游泳、爬山、玩冰、玩雪等游戏。
1985年	《托儿所、幼儿园卫生保健制度》	要经常有组织地开展适合婴幼儿特点的游戏及体育活动，尤其要重视一岁半以下婴幼儿的体格锻炼，给婴儿每天做1~2次被动操和主被动操，幼儿做1~2次体操或活动性游戏。在正常天气下，要有充足的户外活动时间，每天坚持2小时以上户外活动，加强冬季锻炼。要创造条件，充分利用日光、空气、水等自然因素，有计划地锻炼儿童体格。锻炼要经常和循序渐进。运动项目和运动量要适合各年龄组的特点。对个别体弱的幼儿要给以特殊照顾。

续表

颁布时间	政策法规文件名称	有关幼儿体育的论述
1988年	《城市幼儿园建筑面积定额（试行）编制》	幼儿园园舍建设需要有音体活动室、贮藏室，用于开展体育活动和贮藏体育器具，并对面积进行了规定。幼儿园室外活动场地包括嬉水池、沙坑以及30米长的直跑道等。活动器械按《幼儿园教玩具配备目录》进行配备。 这为幼儿体育设施的发展提供了科学的参考，同时在一定程度上规范了幼儿体育教育的发展。
1989年	《幼儿园工作规程（试行）》	幼儿园保育和教育的主要目标包括促进幼儿身体正常发育和技能的协调发展，增强体质，培养良好的生活习惯、卫生习惯和参加体育活动的兴趣。 幼儿园应当积极开展适合幼儿的体育活动，每日户外体育活动不得少于1小时，加强冬季锻炼。要充分利用日光、空气、水等自然因素，有计划地锻炼幼儿肌体，增强幼儿身体的适应和抵抗能力。幼儿园开展体育活动时，应当对体弱或有残疾的幼儿予以特殊照顾。 幼儿园应有与其规模相适应的户外活动场地，配备必要的游戏和体育活动设施，并创造条件开辟沙地、动物饲养角和种植园地。
1989年	《幼儿园管理条例》	幼儿园应当以游戏为基本活动形式。根据本园的实际情况，安排和选择教育内容与方法，但不得进行违背幼儿教育规律、有损于幼儿身心健康的活动。
1992年	《九十年代中国儿童发展规划纲要》	积极发展学前教育，坚持"动员社会力量，多渠道、多形式地发展幼儿教育"的方针。 这是我国第一部以儿童为主体、促进儿童发展的国家行动计划，使我国儿童生存、保护和发展取得历史性的进步。
1992年	《幼儿园玩教具配备目录》	规定了攀爬架、爬网、滑梯、体操垫、平衡木、沙包、球、滚筒、钻筒等体育类玩教具的配备标准。
1993年	《中国教育改革和发展纲要》	确立"教育必须为社会主义现代化建设服务，必须与生产劳动相结合，培养德、智、体全面发展的建设者和接班人"的教育方针。进一步加强和改善学校体育卫生工作，动员社会各方面和家长关心学生的体质和健康。
1996年	《幼儿园工作规程》	有关幼儿体育的论述与1989年颁发的《幼儿园工作规程（试行）》一致。

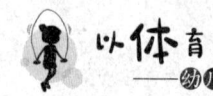

续 表

颁布时间	政策法规文件名称	有关幼儿体育的论述
1998年	《面向21世纪教育振兴行动计划》	实施素质教育，要从幼儿阶段抓起，要用科学的方法启迪和开发幼儿的智力，培养幼儿健康的体质、良好的生活习惯与求知的欲望。
2001年	《幼儿园教育指导纲要（试行）》	幼儿园的教育内容是全面的、启蒙性的，可以相对划分为健康、语言、社会、科学、艺术五个领域。健康领域方面：开展丰富多彩的户外游戏和体育活动，培养幼儿参加体育活动的兴趣和习惯，增强体质，提高对环境的适应能力。用幼儿感兴趣的方式发展基本动作，提高动作的协调性、灵活性。在体育活动中，培养幼儿坚强、勇敢、不怕困难的意志品质和主动、乐观、合作的态度。 健康领域的活动要充分尊重幼儿生长发育的规律，严禁以任何名义进行有损幼儿健康的比赛、表演或训练等。
2001年	《中国儿童发展纲要》（2001—2010年）	重视儿童体育。有条件的城市社区、乡（镇）要为儿童健身提供必要的体育设施。培养儿童良好的体育锻炼习惯，学校保证中小学生每天1小时的体育锻炼时间。
2003年	《关于幼儿教育改革与发展的指导意见》	全面实施素质教育，提高幼儿教育质量。要尊重儿童的人格尊严和基本权利，为儿童提供安全、健康、丰富的生活和活动环境，满足儿童多方面发展的需要；尊重儿童身心发展的特点和规律，关注个体差异，使儿童身心健康成长，促进体智德美等全面发展。
2010年	《国务院关于当前发展学前教育的若干意见》	坚持科学保教，促进幼儿身心健康发展。加强对幼儿园保教工作的指导，2010年，国家颁布幼儿学习与发展指南。遵循幼儿身心发展规律，面向全体幼儿，关注个体差异，坚持以游戏为基本活动，保教结合，寓教于乐，促进幼儿健康成长。加强对幼儿园玩教具、幼儿图书的配备与指导，为儿童创设丰富多彩的教育环境，防止和纠正幼儿园教育"小学化"倾向。
2011年	《教育部关于规范幼儿园保育教育工作防止和纠正"小学化"现象的通知》	遵循幼儿身心发展规律，纠正"小学化"教育内容和方式。幼儿园（含学前班，下同）要遵循幼儿的年龄特点和身心发展规律，科学制定保教工作计划，合理安排和组织幼儿一日生活。要坚持以游戏为基本活动，灵活运用集体、小组和个别活动等多种形式，锻炼幼儿强健的体魄，激发探究欲望与学习兴趣，养成良好的品德与行为习惯，培养积极的交往与合作能力，促进幼儿身心全面和谐发展。

续表

颁布时间	政策法规文件名称	有关幼儿体育的论述
2011年	《中国儿童发展纲要》（2011—2020年）	提高儿童身体素质，全面实施国家学生体质健康标准。合理安排学生学习、休息和娱乐时间，保证学生睡眠时间和每天1小时校园体育活动。鼓励和支持学校体育场馆设施在课余和节假日向学生开放。完善并落实学生健康体检制度和体质监测制度，并建立学生体质健康档案。 制定并发布《全国足球特色幼儿园游戏活动指南》（以下简称《指南》），对幼儿足球教学内容、教学大纲及要求进行了系统的规范，依照《指南》设计并引入相关在线教学项目。为规范幼儿足球科学发展，遵循幼儿身心发展特点，把握幼儿足球发展规律，保护幼儿的好奇心和学习兴趣，持续、科学推进幼儿足球活动。
2012年	《3—6岁儿童学习与发展指南》	《3—6岁儿童学习与发展指南》从健康、语言、社会、科学、艺术五个领域描述幼儿的学习与发展。每个领域按照幼儿学习与发展最基本、最重要的内容划分为若干方面。每个方面由学习与发展目标和教育建议两部分组成。发育良好的身体、愉快的情绪、强健的体质、协调的动作、良好的生活习惯和基本生活能力是幼儿身心健康的重要标志，也是其他领域学习与发展的基础。健康领域关于"动作发展"方面有三大目标： 目标1：具有一定的平衡能力，动作协调、灵敏； 目标2：具有一定的力量和耐力； 目标3：手的动作灵活协调。 《3—6岁儿童学习与发展指南》对各个年龄阶段幼儿大致可以达到什么发展水平提出了合理期望，指明了幼儿学习与发展的具体方向；教育建议部分列举了一些能够有效帮助和促进幼儿学习与发展的教育途径与方法。
2016年	《幼儿园工作规程》	有关幼儿体育的论述与1989年颁发的《幼儿园工作规程（试行）》基本一致。
2018年	《中共中央 国务院关于学前教育深化改革规范发展的若干意见》	幼儿园要遵循幼儿身心发展规律，树立科学保教理念，建立良好师幼关系。合理安排幼儿一日生活，为幼儿提供均衡的营养，保证充足的睡眠和适宜的锻炼，传授基本的文明礼仪，培育幼儿良好的卫生、生活、行为习惯和自我保护能力。坚持以游戏为基本活动，珍视幼儿游戏活动的独

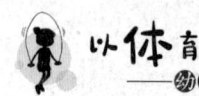

续 表

颁布时间	政策法规文件名称	有关幼儿体育的论述
2018年	《中共中央 国务院关于学前教育深化改革规范发展的若干意见》	特价值,保护幼儿的好奇心和学习兴趣,尊重个体差异,鼓励支持幼儿通过亲近自然、直接感知、实际操作、亲身体验等方式学习探索,促进幼儿快乐健康成长。开展幼儿园"小学化"专项治理行动,坚决克服和纠正"小学化"倾向,小学起始年级必须按国家课程标准坚持零起点教学。
2019年	《教育部办公厅关于开展足球特色幼儿园试点工作的通知》	全面贯彻落实全国教育大会精神,牢固树立"健康第一"的教育理念,帮助幼儿在体育锻炼中享受乐趣、增强体质、健全人格、锤炼意志。
2019年	《全国家庭教育指导大纲(修订)》	指导家长积极带领儿童开展体育活动。引导并督促儿童坚持开展体育锻炼,培养一两项能够终身受益的体育爱好。
2021年	《中国儿童发展纲要》(2021—2030年)	增强儿童身体素质。推进阳光体育运动,开足开齐体育与健康课。保障儿童每天至少1小时中等及以上强度的运动,培养儿童良好运动习惯。
2022年	《幼儿园保育教育质量评估指南》(2022年)	评估内容坚持以促进幼儿身心健康发展为导向,聚焦幼儿园保育教育过程质量,主要包括办园方向、保育与安全、教育过程、环境创设、教师队伍5个方面,共15项关键指标和48个考查要点。

第二节 幼儿园体育活动的相关概念

当前,幼儿体育理论探讨和实践研究已经得到了国内外专家、学者、幼儿园一线教师的普遍关注,也取得了丰硕的成果。但不同学术成果存在研究内涵和外延的不对等,"幼儿体育""幼儿体育活动""幼儿体育游戏""学前体育""儿童体育""幼儿体适能""幼儿体力活动"等多个相似的概念均在一定范围内频繁使用,它们的语义和属性又有一定的重合和交叉,在学科研究中容易产生混淆。

《教育学名词(2013)》是全国科学技术名词审定委员会审定公布的教育学名词,内容包括教育基本理论、课程与教学、中国教育史、外国教育史、比较教育、学前教育、初等教育、中等教育、高等教育、教师教育、特殊教育等15个部分。这些名词是科研、教学、生产、经营以及新闻出版等部门应遵守使用的教育名词。因此,为使本书涉及的重要名词有一致性的概念,我们主要参考《教育学名词(2013)》对重要名词的定义和注释,以便大家有清晰明确的认识。对于《教育学名词(2013)》没有囊括的重要名词,则参考国内外专家和学者的诠释。

一、幼儿园体育活动

幼儿园体育活动是指幼儿园以增强幼儿体质、促进身体正常发育和基本动作发展、提高幼儿健康水平为目的组织的教育活动。常见的组织形式有早操、户外体育活动、体育课、运动会、郊游等。

《教育学名词（2013）》不仅对幼儿园体育活动进行了定义，还注释了幼儿园体育活动常见的组织形式。近年来，随着"一日生活皆课程""以儿童为中心"理念的深入人心，教师的教育方式由"以直接传授知识为主"转变为"以激发幼儿主动探索、自主活动为主"。幼儿园体育活动的组织形式更多以游戏化的"活动"来表述，减少使用"课"的表述。因此，我们更倾向于用"体育教学活动"或者"体育集体活动"来代替"体育课"。

2015年8月，山东省教育厅出台《关于规范幼儿园一日活动的指导意见》，将幼儿园一日活动分为生活活动、教学活动、区域活动、户外活动等。户外活动是幼儿在室外进行的活动，主要分为两类：一类是室外游戏，包括沙水、建构、角色、表演、运动、艺术等游戏；另一类是体育活动，包括集体体育活动、自主性体育活动、早操（间操）等。2016年1月，广东省教育厅出台《广东省幼儿园一日活动指引（试行）》，将幼儿园一日活动划分为四种类型：生活活动、体育活动、自主游戏活动和学习活动。体育活动主要是指在运动场地上，通过器械运动、自然因素锻炼、操节等形式开展的日常运动。体育活动包括了体育集体活动、自选活动和操节（幼儿园可自选）三个方面。

虽然不同省份对体育活动组织形式的表述大同小异，但是都包括了集体的教学活动、自主的游戏活动、全员参与的早操活动。在此，笔者结合二十多年的一线体育工作经验，将幼儿园的体育活动组织形式归纳为早操活动、体育教学活动、户外体育游戏活动、大型体育活动四大类。无论何种组织形式，都具有其自身的价值和特点，又各有一定的局限性，幼儿园在组织和开展体育活动的过程中，必须根据幼儿园的具体情况适宜运用，共同完成体育目标。

二、幼儿体育游戏

《教育学名词（2013）》并没有对"幼儿体育游戏"的概念进行定

义,然而无论是"幼儿体育"还是"幼儿体育游戏"的表述,都广泛地被幼儿园一线教师所接受和应用。为了便于理解,我们不妨将"幼儿体育游戏"拆解开来解读。《现代汉语词典(第6版)》对"体育"的定义是:"以发展体力、增强体质为主要任务的教育,通过参加各项运动来实现。"对"游戏"的定义是:"游戏是娱乐活动,如捉迷藏、猜灯谜等。某些非正式比赛项目的体育活动(如康乐球)也叫游戏。"

从以上描述可以看出,幼儿体育游戏是一种以促进幼儿身体发育和体质增强为目的的手段或形式之一。它兼具竞争性、娱乐性和教育性,幼儿通过走、跑、跳、投、钻、爬、攀登、平衡等基本动作,在有规则、有目的、有角色、有情节、有竞赛的游戏情境中,调动感知觉和运动器官,提高身体素质和运动能力,培养运动兴趣和良好品德。

关于幼儿体育游戏,在我国台湾省使用的术语为"幼儿运动游戏"。台湾省于2004年开始推动幼儿园运动游戏方案,并成立了推动幼儿园运动游戏方案委员会,幼儿运动游戏方案成为幼儿体育政策的策略之一,他们更强调"以游戏的形式组织活动,弱化活动的竞争性,强调游戏的参与性"。

《3—6岁儿童学习与发展指南》指出游戏是幼儿的基本活动,笔者认为,幼儿体育游戏是幼儿体育活动中重要的组成部分,并且所有的体育活动都需要幼儿体育游戏的参与组成,没有幼儿体育游戏的体育活动不能称之为幼儿体育活动。幼儿体育游戏和幼儿体育活动两者既互相交融也可以单独存在。

三、基本动作

基本动作是指人体最基本的动作能力。包括走、跑、跳跃、投掷、平衡、攀登、钻爬等。基本动作技能可以被分为位移技能,如跑步;非位移技能,如旋转;操作技能(也称为物体控制技能),如投掷。

《人类动作发展概论》一书中指出,动作发展是一个跨越整个生命周期的复杂过程,对于儿童的成长更至关重要。掌握幼儿动作发展规律,可以帮助教师通过改变和控制任务及环境因素来影响幼儿的动作技能的发展。

儿童掌握的基本动作技能是他们有效完成动作的基础，并且是他们探索环境、获取关于周围世界知识的重要手段和途径。下图展示了儿童从1周岁到7周岁之间的基本动作形式的发展和配合情况，能帮助教师横向和纵向地认识儿童动作发展的规律，科学地制定各个年龄阶段幼儿动作发展目标。

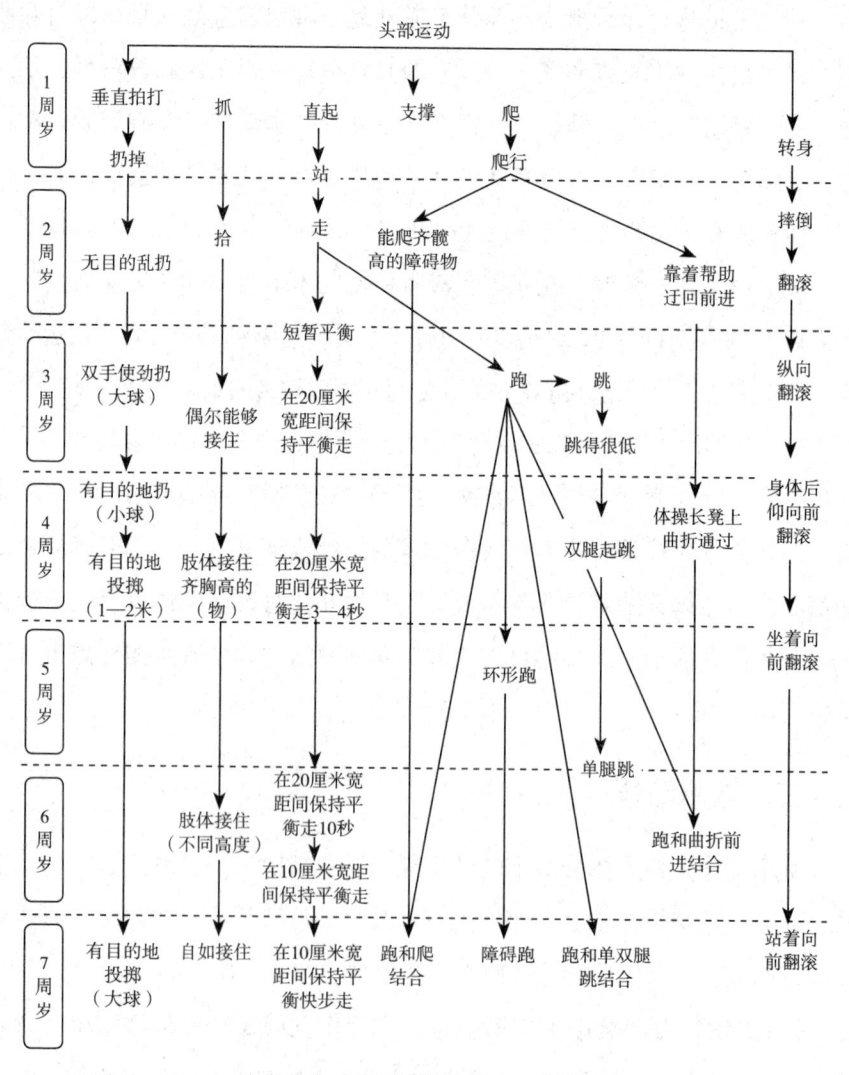

年龄								
1周岁	垂直拍打 ↓ 扔掉	抓	直起 ↓ 站	头部运动 ↓ 支撑	爬 ↓ 爬行			转身 ↓ 摔倒
2周岁	↓ 无目的乱扔	拾	↓ 走		能爬齐髋高的障碍物	靠着帮助迂回前进		翻滚
3周岁	↓ 双手使劲扔（大球）	偶尔能够接住	短暂平衡 在20厘米宽距间保持平衡走			跑	跳 ↓ 跳得很低	纵向翻滚
4周岁	有目的地扔（小球） ↓ 有目的地投掷（1—2米）	肢体接住齐胸高的（物）	在20厘米宽距间保持平衡走3—4秒				双腿起跳	体操长凳上曲折通过	身体后仰向前翻滚
5周岁						环形跑		坐着向前翻滚
6周岁		肢体接住（不同高度）	在20厘米宽距间保持平衡走10秒 在10厘米宽距间保持平衡走				单腿跳	跑和曲折前进结合	
7周岁	有目的地投掷（大球）	自如接住	在10厘米宽距间保持平衡快步走		跑和爬结合	障碍跑	跑和单双腿跳结合	站着向前翻滚

儿童基本动作形式的发展和配合情况

这些基本动作不仅有助于幼儿身体素质的提高，还可以为其后续的专项运动技能的学习打下基础。教师在组织体育活动的过程中，应该根据幼儿年龄、兴趣和身体特点，尊重幼儿动作发展的规律，科学制定幼儿动作发展目标，选择适合的练习方法、练习内容和组织形式，逐步提高幼儿的身体素质和运动能力。

四、体能与运动技能

我们在谈论幼儿运动能力、设计体育活动内容的时候，会经常提到体能与运动技能。两者具有何种联系，又具有何种区别呢？简单来说，体能与技能是内容与形式的关系，它们对立统一在具体的专门技术动作之中，是一个事物的两个面。技能是体能的运动形式，体能是技能的运动内容，各自都不能脱离对方而单独存在。

（一）体能

体能是指在运动中表现出来的身体机能和运动能力，包括协调性、灵敏性、柔韧性、耐力、力量、速度、平衡等方面的能力。幼儿体能发展水平是由其身体形态、身体机能和身体素质的发展状况决定的。

1. 身体形态及其结构

身体形态是指人体外部和内部的形状特征，包括身高、体重、胸围等指标。幼儿阶段正处于身体形态和机能发育、发展的重要时期，也是身体姿势形成的重要时期。身高和体重是评价幼儿生长发育状况最常用、最重要的形态指标，它在一定程度上反映了幼儿身体发育的基本特征和幼儿的营养状况。《国家体质测定标准（2023年修订）》规定幼儿部分身体形态方面的测试指标为身高和体重，并通过体重指数（BMI，BMI＝体重（kg）/身高^2（m^2））来反映人体肥胖程度。

2. 身体机能

身体机能是指人的整体及其组成的各器官、系统所表现的生命活动。幼儿在参与体育活动时，必然会引起各器官系统的机能发生一系列的反

应。幼儿在运动过程中会产生不同的生理反应，大致会经历进入工作状态、稳定状态、疲劳与恢复三个过程。在运动的初始阶段，幼儿运动兴趣逐步提高，呼吸系统、心血管系统等器官系统的生理惰性逐渐被克服，运动系统很快发挥工作能力。随后一段时间，幼儿在游戏化的活动中不断探索、学习、尝试，人体的机能活动可在一段时间内保持在较高的机能状态。运动结束后幼儿机体承受大负荷运动刺激，会产生不同程度的疲劳，通过运动后做一些加速机体功能恢复的放松运动和一段时间的休息，疲劳状态会慢慢消除，生理机能也会逐渐恢复与提高。

3. 身体素质

身体素质是人体各器官系统的功能在肌肉工作中的综合反映，是在运动中所表现出的力量、速度、耐力、柔韧性、灵敏性和协调性的总称。良好的身体素质为增进幼儿体质健康和掌握运动技能奠定基础。《3—6岁儿童学习与发展指南》在健康领域关于"动作发展"的目标，促使幼儿"具有一定的平衡能力，动作协调、灵敏"和"具有一定的力量和耐力"，正是从身体素质发展的角度提出。平衡能力是指身体在运动或受到外力作用时，能够自动调整并维持一种姿势的能力，是幼儿完成各种身体动作的基本条件，也是幼儿实现自我保护的基本能力。灵敏性和协调性是人体多项身体素质或机能与运动技能相结合的综合表现，无论是跑、跳、钻爬，还是拍球、跳绳等活动，都需要幼儿对身体姿势的控制或外界环境的变化能及时而准确地做出反应判断。力量是实现人体各种运动的动力源，也是提高运动能力的基础，比如幼儿上肢力量越好，往往扔沙包扔得更远；幼儿下肢力量越好，往往立定跳远跳得更远。耐力是指人体坚持长时间运动的能力，体现了心肺和肌肉等方面的综合状况。耐力素质的提高往往需要长时间的运动，幼儿很容易失去兴趣，因此教师要坚持以游戏为基本活动，不断丰富内容和形式，鼓励幼儿坚持下去。当心肺功能逐渐增强，肌肉耐力不断提高，幼儿就能较轻松地开展各种身体活动。

《国家体质测定标准（2023年修订）》规定幼儿部分身体素质方面的

测试指标为握力、立定跳远、坐位体前屈、双脚连续跳、15米绕障碍跑、走平衡木。其中，握力主要评定手部肌肉力量；立定跳远主要评定下肢肌肉力量；坐位体前屈主要评定腰部柔韧性；双脚连续跳主要评定耐力和协调性；15米绕障碍跑主要评定速度和灵敏性；走平衡木主要评定动态平衡能力。

（二）运动技能

运动技能是指幼儿在运动中掌握和有效地完成专门技术动作的能力。幼儿运动技能的习得和发展不是一蹴而就、瞬间成熟的，而是每次因经验积累、观察模仿或反复练习而出现的持续性的行为变化。根据运动行为发生变化的时间节点，可以将幼儿运动技能的学习方式分为"三段式"，即放手尝试阶段、引导调整阶段、提升转化阶段。

1. 放手尝试阶段

在运动学习的初期，应该释放幼儿的天性，给予他们持续的尝试机会，大胆进行各种身体运动，体验各种身体动作的可能性。在尝试的过程中，幼儿可能会因为自身心理素质、身体素质、动作的复杂程度、游戏的难度等而受挫或失败。在此阶段，教师不必要或过早地干涉儿童的尝试和行为，不能无意识地传播对儿童的发展有消极影响的行为方式（如缺乏耐心，对儿童喊叫、辱骂）。

2. 引导调整阶段

当幼儿在放手尝试阶段形成动作的基本雏形后，需要外因来适当调整学习的方向，使动作更加科学有效和规范化。如果说放手尝试阶段教师要"置身事外"，那么引导调整阶段教师就要"置身其中"了。教师通过演示正确、连贯的动作，幼儿会进行观察和模仿，并对头脑中的动作表象进行检验、充实和修正。当幼儿出现错误动作时，教师需要进行实时的引导，及时纠正错误动作。当游戏出现一定危险性的时候，教师也要适时介入，保证幼儿安全。如果幼儿的错误动作得不到及时纠正或者游戏过程中出现运动损伤，会大大降低幼儿对该项运动学习的兴趣，影响幼儿进入下

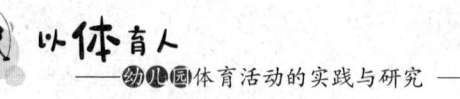

一阶段的学习，从而无法形成正确动作的动力定型。

针对大多数幼儿普遍出现动作错误的共性问题，教师则需要通过集体教学活动来统一解决，教师的"教"应该放在幼儿的"学"之后。

除了教师的亲身指导外，玩伴的榜样作用也是幼儿运动学习发展的另一外因。年龄较大的幼儿和年幼的幼儿一起玩耍时，年幼的幼儿总是能向年龄较大的幼儿学习，模仿他们的游戏、运动技能。

3. 提升转化阶段

提升转化阶段是幼儿运动技能习得的重要阶段。在此阶段之前，幼儿已经经历了两个阶段科学有效的学习活动，动作和技能正在日趋完善。提升转化阶段幼儿需要通过大量重复的练习和游戏的强化，积累丰富的运动经验，以达到精益求精的效果。对于一些比较简单的基本动作，如走、跑，幼儿除了户外活动之外，在生活中也会得到练习。对于一些技术复杂或难度大的动作，如助跑跨跳、前滚翻、单手肩上投篮、跳山羊等，教师则需要采用多种手段创设多样的运动环境，支持幼儿的运动学习。让幼儿把自己的运动能力在实际环境中展现出来，利用技能解决实际问题，这也是学习的终极目标。

五、幼儿运动心率和运动负荷相关指标概念

（一）运动心率

运动心率是指幼儿在运动过程中心脏每分钟跳动的次数，通常以次/分为单位。与安静状态下的心率不同，运动心率会根据幼儿运动强度和持续时间而变化。

通过监测幼儿运动心率，教师可以掌握幼儿的运动强度和身体状况，确保运动适宜，避免运动过量导致疲劳和损伤。

幼儿运动心率的正常范围在安静状态下的心率基础上会相应增加，具体取决于年龄、性别、身体状况和运动强度等因素。一般来说，3~6岁幼儿的运动心率正常范围在130~180次/分。然而，具体数值需要根据个

体差异和实际情况来确定。在体育活动过程中，应当密切观察幼儿的身体反应和心率变化，如果出现任何"危险信号"（如胸痛、头晕或嘴唇发白等），应该立即停止锻炼，前往医务室休息或接受专业医务人员的诊治。

（二）运动负荷

我国现代运动训练理论的泰斗田麦久教授认为，运动负荷是以身体练习为基本手段，对运动员有机体施加的训练刺激。运动负荷由负荷量和负荷强度两个因素构成，负荷量和负荷强度又可以通过若干指标予以测量。

对于负荷量和负荷强度这两个概念，在运动训练理论的研究中，虽作为常见概念却未给出准确的定义，只是在其测量方法上做出了描述。

1. 负荷量

在幼儿园体育活动中，负荷量可以通过练习的次数（整个练习的次数或某个练习重复的次数）、练习的时间、练习的总距离等特征表现出来。比如，投掷游戏中可以用幼儿完成投掷动作的次数来反映负荷量的大小；爬行游戏中可以用幼儿参与游戏的总时长作为衡量负荷量大小的指标；接力跑游戏中可以用幼儿跑动的总距离作为负荷量的一个代表性指标。

2. 负荷强度

在幼儿园体育活动中，负荷强度可以通过练习密度、游戏难度等特征表现出来。比如，一段体育教学活动负荷强度的大小，可通过幼儿在活动中从事身体练习的时间与活动总时间的比值来反映。一般来说，幼儿练习密度越高，说明幼儿得到锻炼的时间越长，能够更好地达到锻炼身体和提高运动技能的效果。反之，如果幼儿运动密度较低，说明在同样的时间内，幼儿得到锻炼的时间较短，可能会影响锻炼的效果。教师可以通过合理安排活动内容、精心组织练习、减少消极等待等方式来提高练习密度。

第三节　幼儿园体育活动对幼儿发展的意义

2018年9月10日，习近平总书记在全国教育大会上指出：要树立"健康第一"的教育理念，开齐开足体育课，帮助学生在体育锻炼中享受乐趣、增强体质、健全人格、锤炼意志。由此可见，体育锻炼的价值不仅仅在于增强体质。对学龄前儿童来说，在体育锻炼中所能获得的体验，其意义更是超出身体行为的本身，换句话说，体育锻炼真正的价值在"体"之外。

一、幼儿园体育活动对幼儿身体发展的意义

体育锻炼是在神经支配下以肌肉收缩作为动力、骨骼作为杠杆、关节作为枢纽来完成的。幼儿每天的户外活动时间一般不少于2小时，其中体育活动时间不少于1小时。他们每天都会在教师的组织下，开展丰富多样、适合幼儿年龄特点的各种身体活动。当然，也鼓励和支持幼儿选择自己喜欢的材料、项目、场地，和同伴一起开展体育活动。显而易见的是，运动刺激着幼儿生长，不断丰富的运动经验和持续的运动参与，能够发展幼儿的基本动作和运动技能，有效地促进各器官的生长发育和机能发展，提高身体素质，提高对外部环境的适应能力。例如，通过在平衡木、板凳、轮胎等具有一定高度的物体上行走，可以提高幼儿的平衡能力；通过热身操和放松操的舞蹈练习，可以培养幼儿的协调性和柔韧性；通过球类活动，可以锻炼幼儿的灵敏性和手眼协调能力；通过扔沙包、悬垂游戏、

攀爬游戏，可以发展幼儿的力量和耐力。

另外，随着季节或气候的变化，持之以恒的户外体育活动，能够让幼儿逐渐适应外部环境的变化，促进幼儿身体的新陈代谢，增强身体的免疫系统，提高身体对疾病的抵抗力，从而提高幼儿的身体健康水平。

二、幼儿园体育活动对幼儿心理发展的意义

幼儿园体育活动对幼儿心理发展也具有重要意义，能够促进大脑发育、提高自我意识和自信心、发展社会能力等。

一方面，体育活动能够为幼儿的脑部神经网络提供视觉、听觉、触觉等多种感官刺激，从而增强脑部神经网络的联系。这种不断的刺激有助于建立一个巨大的神经元网络，进而促进大脑的认知、学习和思考功能。研究发现，通过参与跳绳、跑步、球类运动等体育活动，幼儿需要掌握和协调身体的各项技能，这需要大量的神经元参与和连接。因此，幼儿的大脑得到了锻炼，神经元连接更加丰富和紧密，这将有助于提高幼儿的学习能力和记忆力，为他们的未来学习和生活打下坚实的基础。

另一方面，幼儿园体育活动能够通过让幼儿体验成功和失败，从而培养他们的自信和自尊心。在体育活动中，幼儿不断学习新的运动技能、完成各种任务和挑战、克服一定的障碍，这需要他们在脱离成人的帮助下单独完成。当他们付出过努力和足够的耐心之后，会获得身体上的成就，这将增强他们的自信心和自尊心，让他们更加自信地面对未来的挑战。

此外，幼儿园体育活动通常是集体活动或小组活动，而且包含了大量要求幼儿和他们的同伴一起面临问题、协商解决、分工合作、遵守游戏规则的情境。具体来说，在游戏中浮现出来的问题或任务，往往是一次发展社会交往能力、触发社会交往行为的机会。比如，在一次接力赛中，幼儿需要分成几个小组进行比赛。在比赛中，每个小组共同承担一个任务或挑战，需要小组成员齐心协力才能完成，幼儿在具体活动中体会到了合作

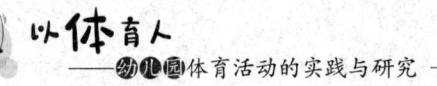

的重要性，并学习了分工合作。事实上，所有这些经历并不完全都是积极正面的社会交往体验。有些时候，某一小组会因违反规则而受到其他小组的揭发，从而引发冲突；有些时候，经常出错或比较弱小的幼儿可能会被排除在共同游戏之外；有些时候，小组和小组之间会为了获得比赛游戏的胜利而争抢材料。为了让幼儿学会解决矛盾和冲突，教师需要具备敏锐的洞察力和独特的教育智慧，选择合适的时机介入，引导幼儿用协商、轮流玩、合作等方式解决冲突，帮助他们获得必要的社会交往能力。

第二章

幼儿园体育活动的目标和内容

幼儿园体育活动的核心目标是促进幼儿身心健康成长，幼儿园可以根据幼儿的年龄特征与园所实际情况等，制定更为细致的目标。体育活动的内容相对较为丰富，幼儿园应尊重幼儿动作发展规律和个体差异，选择合适的内容。

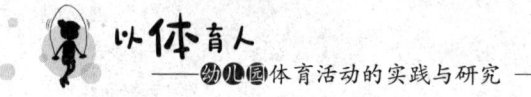

第一节 幼儿园体育活动的目标

一、幼儿园体育活动目标确立应遵循的原则

在制定幼儿园体育活动目标时,应遵循国家幼儿教育指导性政策,如《3—6岁儿童学习与发展指南》,同时要考虑幼儿园实际发展情况和幼儿成长需求。幼儿园体育活动目标确立应该遵循科学性、系统性、地方性、季节性、适应性、全面性、可操作性、具体性和可衡量性原则,以确保目标的可实现性和有效性,促进幼儿的健康成长和发展。

(一)科学性原则

幼儿园体育活动的目标应该基于科学的理论依据和实践经验,遵循幼儿身体发展和教育规律,注重目标的科学性和合理性。科学性原则要求教师在制定目标时,充分了解幼儿的身心特点和发展需要,考虑不同年龄段幼儿的差异和特点,结合教育目标,制定出符合幼儿需要的体育活动目标。

(二)系统性原则

幼儿园体育活动的目标应该具有系统性,即目标之间相互联系、相互支撑,形成有机整体。系统性原则要求教师在制定目标时,注重目标的内在逻辑性和系统性,将目标按照一定的逻辑关系和层次结构组织起来,形成一个完整的目标体系。

(三)地方性原则

幼儿园体育活动的目标应该考虑当地的文化、环境和资源等情况,具有地方特色。地方性原则要求教师在制定目标时，了解当地的文化、环境和资源等情况，结合当地的特点和实际情况，制定出符合当地幼儿需要的体育活动目标。体育活动可以融入当地的传统游戏、舞蹈或运动，如舞龙、舞狮、踢毽子、滚铁环等。这些活动不仅能让幼儿体验传统文化的魅力，还能增强他们的文化认同感。

（四）季节性原则

幼儿园体育活动的目标应该考虑季节和气候等因素，具有季节性。季节性原则要求教师在制定目标时，考虑不同季节和气候的特点，制定出符合季节和气候特点的体育活动目标。例如，在夏季，可以注重户外运动和游泳等项目的开展；在冬季，可以注重室内运动和冰雪运动等项目的开展。

（五）适应性原则

幼儿园体育活动的目标应该与幼儿的年龄特点、身体发展和教育目标相符合，以确保目标的可实现性。不同年龄段的幼儿有着不同的身体发展和运动能力，因此目标应该根据幼儿的年龄特点来确定。例如，对于小班的幼儿，体育活动的目标可以包括学习基本的身体姿势、掌握基本的动作技能、培养初步的纪律意识和合作意识等。对于中班的幼儿，目标可以包括提高身体的灵活性和协调性、学习更多的运动技能、培养团队合作和自主锻炼的能力等。对于大班的幼儿，目标可以包括进一步提高身体的综合素质、学习更加复杂的运动技能、培养自我管理和自我锻炼的能力等。

（六）全面性原则

幼儿园体育活动的目标应该涵盖身体、智力、情感和社会等多个方面，以促进幼儿的全面发展和综合素质的提高。体育活动不仅可以帮助幼儿锻炼身体，还可以促进幼儿智力、情感和社会性的发展。例如，通过体育活动中的各种冒险性游戏，设置各种身体体验和挑战，可以增强幼儿勇敢、坚毅的品质，同时也能够提高幼儿的人际交往能力。

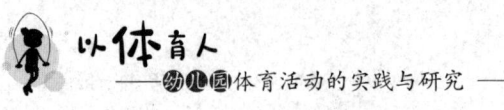

（七）可操作性原则

幼儿园体育活动的目标应该具有可操作性，能够被分解和具体化，以便于教师在实际教学中实施和评估。具体化的目标可以帮助教师明确教学任务和要求，更好地指导幼儿进行体育活动。例如，将目标分解为具体的行为和技能要求，这样教师就可以根据具体的目标来制订教学计划和实施方案，同时也能够通过观察和测试等方式进行评估和测量目标。

（八）具体性原则

幼儿园体育活动的目标应该具体明确，能够被幼儿理解和接受，避免过于抽象和笼统。具体明确的目标可以帮助幼儿更好地理解活动的要求和目的，提高幼儿参与活动的积极性和主动性。例如，在体育活动中，目标可以是学习如何正确地跳绳、学习单手肩上投掷的基本动作、学习如何在运动中保持身体平衡等，从而使幼儿更好地参与其中。

（九）可衡量性原则

幼儿园体育活动的目标应该具有可衡量性，能够通过观察、测试等方式进行评估和测量，以便于教师掌握教学进度和效果。可衡量的目标可以帮助教师更好地掌握教学效果，及时发现教学中存在的问题和不足，并采取相应的措施进行改进。同时，可衡量的目标也可以帮助教师对幼儿的学习效果进行评估，为幼儿的进一步发展提供有力的支持。

二、幼儿园体育活动具体目标

《3—6岁儿童学习与发展指南》中"健康领域"指出："为有效促进幼儿身心健康发展，成人应为幼儿提供合理均衡的营养，保证充足的睡眠和适宜的锻炼，满足幼儿生长发育的需要。"幼儿园体育活动是实现幼儿身心健康发展的重要途径，对于促进幼儿发育良好的身体、愉快的情绪、强健的体质、健全的人格、坚强的意志，以及实现德智体美劳全面发展具有非常重要的价值。

（1）发展基本动作，形成正确的身体姿势，具有一定的平衡能力、力量和耐力，以及协调、灵敏的动作，并发展其创造能力。

（2）通过每天不少于1小时的体育活动，促进幼儿积极参与生动有趣、丰富多样、适合其年龄特点的各种身体活动，掌握走、跑、跳、钻、投掷、平衡、攀爬、悬垂、翻滚等基本动作技能；幼儿能根据自身运动经验，探索游戏的新玩法；能根据自身兴趣，选择多种多样的体育器械，在熟悉器材基本使用方法的基础上，尝试器材的新用法，培养创造性思维。

（3）培养良好的生活习惯与卫生习惯，具有一定的独立自主能力和自我保护能力，掌握基本的体育安全知识。

（4）幼儿能在较热或较冷的户外环境中活动，提高适应季节变化的能力；能够遵守体育活动常规，有效避免危险发生；在游戏过程中能对自身身体状况有所认知，需要增减衣物、饮水、上厕所时，能独立解决或主动告诉保教人员；出现身体不适时，能主动告诉保教人员；在游戏结束时，愿意将体育器材收拾和整理好。

（5）积极参与体育活动，养成锻炼的习惯，形成健全的人格，锤炼坚强的意志。喜欢参加幼儿园组织的各类体育活动，能主动选择自己喜欢的体育器材、场地、伙伴开展游戏；在进行体育竞赛游戏、挑战类游戏或冒险类游戏时，能够敢于尝试，勇于突破，遇到困难时积极想办法解决，不轻言放弃；游戏过程中情绪愉快，表现出持续的专注力；需要轮流游戏或轮流使用器材时，能学会等待和谦让；在进行团队游戏时，乐于与同伴协商、合作，互相帮助，并能正确看待胜负。

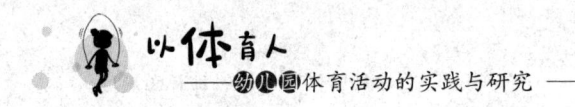

第二节　幼儿园体育活动的内容

随着我国幼儿教育的变革与发展，幼儿园的教育内容与要求也在不同的历史时期里经历了不同的变化。

在新中国成立后的很长一段时间里，幼儿教育主要借鉴和学习苏联的幼教理论，实行有目的、有计划的分科教学模式，强调儿童的全面发展，注重教师的主导作用。虽然考虑到了各学科内容的互相配合，但更强调各个学科内容的系统性和连续性。体育（活动）作为一项独立的内容，成了幼儿园教育的重要组成部分。

最近二十多年来，幼儿园的教育内容与要求又经历了一次转折性的变化。体育（活动）在幼儿园不再是单独的学习领域，而是作为促进幼儿体质健康的重要手段，渗透在健康领域当中。回顾过去的70年，我们有幸看到了先辈们在孜孜不倦的探索中，形成的教育资源和实践结晶。

一、体育作为一门独立的学科

1951年印发的《幼儿园暂行教学纲要（草案）》，将幼儿园的作业暂定为体育、语言、认识环境、图画手工、音乐、计算六项，每项内容都制定了教学纲要。幼儿园的体育教学主要涉及以下内容：①日常生活习惯和卫生习惯的培养。包括独立穿衣、脱衣、叠衣；独立洗脸、洗手、刷牙、梳头；独立进食和有规则的饮食习惯；遵守作业和活动时的规则；作息规律和良好的生活习惯等。②体操。通过活动性游戏和早操进行步行、跑步、跳跃、攀爬、投掷、集体动作、身体部位等的练习。③游戏。包括活动性游戏、创造性游戏、教育性游戏、消遣性游戏等。④舞蹈和律动。配合音乐进行简单的舞蹈基本动作的练习，进行简单劳动生产动作的模仿、军事动作的模仿、动物动作的模仿、日常生活动作的模仿等。

此纲本着"健康第一"的精神，重视体育，把过去的"唱游"分为"体育""音乐"两项作业。在教育内容上兼顾健康教育和动作发展，主张根据幼儿的年龄特征和接受能力，实施纵向的教育，照顾到幼儿的整体性和系统性。在教育方法上认识到游戏是幼儿最容易接受和最喜爱的活动，通过游戏练习步行、跑步、跳跃、攀爬及投掷等基本动作。强调教师的领导作用和主导作用，各种动作练习的内容都是在体操与活动性游戏作业中教给幼儿的。

1981年印发的《中华人民共和国教育部幼儿园教育纲要（草案）》，将幼儿园的教育内容进行了细化，分为生活卫生习惯、体育活动、思想品德、语言、常识、计算、音乐、美术八个方面，通过游戏、体育活动、上课、观察、劳动、娱乐和日常生活等各种活动完成，不可偏废。尽管部分幼儿园开始了综合主题教育的研究与实践活动，但在我国的绝大多数幼儿园还继续应用与实施分科教学。此时期幼儿园体育活动主要涉及以下内容：①基本动作。包括走、跑、跳跃、平衡、投掷、钻爬、攀登等。②基本体操。包括模仿操、徒手操、轻器械操等，学会听立正、稍息、看齐、原地踏步、齐步走、跑步走、立定等口令，能走圆形队、听信号进行队形队列变化。

二、体育活动作为健康领域的重要组成部分

进入20世纪90年代以后，幼儿园的教育与以前相比发生了变化，传统学科间的界限逐渐模糊，开始从分科走向整合，并以学科为基础划分为不同领域，各领域的内容相互渗透、有机结合，注重综合性、趣味性、活动性，融教育于生活、游戏之中。

2001年颁布的《幼儿园教育指导纲要（试行）》，第二部分"教育内容与要求"规定：幼儿园的教育内容是全面的、启蒙性的，可以相对划分为健康、语言、社会、科学、艺术五个领域。各领域的内容相互渗透，从不同的角度促进幼儿情感、态度、能力、知识、技能等方面的发展。2012年教育部制定《3—6岁儿童学习与发展指南》（以下简称《指南》），更为详尽地从健康、语言、社会、科学、艺术五个领域描述幼儿的学习与发展。其中，健康领域由身心状况、动作发展、生活习惯与生活能力三个方面的内容整合而成。尽管健康领域并没有单独对幼儿园体育活动的内容进行规定，但是从健康领域三个方面的学习与发展目标和教育建议可以看出，有关体育活动的内容集中体现在"动作发展"方面，在"身心状况""生活习惯与生活能力"方面也有所涉及。综合来看，幼儿园体育活动主要包含如下的内容：①经常与幼儿玩拉手转圈、秋千、转椅等游戏活动，让幼儿适应轻微的摆动、颠簸、旋转，促进其平衡机能的发展。②利用多种活动发展身体平衡和协调能力，发展幼儿动作的协调性和灵活性。如：走平衡木，或沿着地面、田埂直线行走；跳房子、踢毽子、蒙眼走路、踩小高跷等游戏活动；跑跳、钻爬、攀登、投掷、拍球、跳绳等活动；跳竹竿、滚铁环等传统体育游戏。③安全教育。在活动中培养幼儿的自我保护能力。④开展丰富多样、适合幼儿年龄特点的各种身体活动，鼓励幼儿坚持下来，不怕累。如：走、跑、跳、攀、爬等。⑤通过多种途径激发幼儿参加体育活动的兴趣，养成锻炼的习惯。如：为幼儿准备多种体育活动材料，鼓励幼儿选择自己喜欢的材料开展活动；经常和幼儿一起在户外运动和游戏，鼓励幼儿和同伴一起开展体育活动；和幼儿一起观看体育比赛或有关体育赛事的电视节目，培养幼儿对体育活动的兴趣。

当然，《指南》中健康领域的教育建议部分仅仅列举了一些能够有效帮助和促进幼儿学习与发展的教育途径与方法，而非幼儿学习与发展的全部内容。幼儿园体育活动可以在遵循《指南》中规定的最基本、最重要的内容基础上，以幼儿园的地域特征、场地设施条件、幼儿的实际发展水平等作为考量，以国家政策为导向，不断地在动态过程中做出选择和调整。切不可为追求内容上的"有特色"而盲目引进，不可违背幼儿身心发展规律，不可忽视幼儿的生活和运动经验，不可打击幼儿的好奇心和学习兴趣。

三、体育活动的内容在开放中走向多元

一直以来，体操都是幼儿园体育活动的基本内容之一。2014年，国家体育总局体操中心提出"快乐体操"的理念，开始在幼儿园普及推广体操活动。快乐体操将身体锻炼、音乐熏陶、舞蹈舞姿和灵巧协调等有机结合起来，通过多种训练方法让孩子们在娱乐中锻炼，在玩耍中增强体质。2015年，国家体育总局体操中心颁布《全国快乐体操等级锻炼标准》（2015试用版），出台《快乐体操教练员等级认定管理办法》并举办多次快乐体操教练员培训班，帮助各幼儿园和小学开展快乐体操项目，让参与体操活动的孩子们能快快乐乐地进行玩耍和锻炼。

以往学前教育政策、指导性文件并没有单独将足球纳入幼儿园体育活动的内容。2019年，教育部印发《教育部办公厅关于开展足球特色幼儿园试点工作的通知》，开始在全国范围内遴选足球特色幼儿园，引导各级各类幼儿园广泛开展幼儿足球活动，促进幼儿身心健康，培养德智体美劳全面发展的社会主义建设者和接班人。2019年9月，全国幼儿足球专家委员会制定并发布《全国足球特色幼儿园游戏活动指南》，对幼儿足球教学内容、教学大纲及要求进行了系统的规范。2020年9月，全国幼儿足球专家委员会审议通过《3—6岁儿童足球活动负面清单》，进一步规范幼儿足球发展秩序，引导幼儿园科学开展幼儿足球活动。

2021年，国家体育总局印发《"十四五"体育发展规划》，提出：深化体教融合，丰富校园排球文化，积极推动小排球、气排球进入幼儿园、小学，建立全国小排球联赛，做大做强全国中学生排球联赛。

由此可见，随着人们教育理念的更新、课程观的转变，以及幼儿运

动经验的日益丰富，幼儿园体育活动的内容逐渐走向多元。幼儿园通过简化规则、弱化技能、增强趣味等策略，尝试改造现有的运动项目，创编一些新的体育运动项目。大胆地把民间体育运动文化引入幼儿园，不断开发幼儿喜闻乐见的内容。我们发现，幼儿武术、篮球、足球、龙狮、快乐体操、幼儿手球、小排球、气排球、儿童平衡车、幼儿户外定向运动等新鲜运动项目开始在幼儿园被普及和推广，幼儿园组织和开展体育活动有了更多的选择。总之，无论是何种活动形式和内容，必须遵循幼儿身心发展特点，符合幼儿动作发展规律，保护幼儿的好奇心和学习兴趣。只有这样，才能发挥体育对幼儿身心发展的独特价值。

第三章

早操活动的实践与研究

幼儿早操活动是幼儿体育活动的一种基本组织形式，是幼儿一日活动的重要环节，是增强幼儿体质的有效手段。科学地编排早操并不断有所创新，对处于身体迅速生长发育阶段的幼儿来说，有着极其深远的意义。幼儿早操活动是幼儿园一日生活开始的体育活动，它不能简单地被看作是在早晨做一些幼儿基本体操，而是应该把它理解为"在早晨进行身体锻炼的活动总称"。

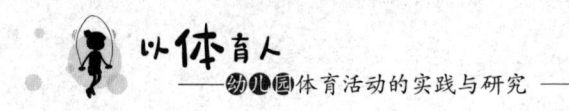

第一节 早操活动的意义

科学、合理地开展早操活动，对增强幼儿体质、促进幼儿身心健康具有十分重要的意义。幼儿园应重视早操的编排与实施工作，这样才能让幼儿喜欢运动，更好地发展体能、提高身体素质、养成良好的习惯和个性、提高智力、感受美的力量，同时也能培养他们的集体主义意识和社会交往能力。

一、有助于幼儿精神饱满、体力充沛地开始一日生活

早操活动是幼儿在幼儿园一日生活中的第一个集体活动，通常在早晨进行，旨在帮助幼儿从睡眠状态逐渐过渡到清醒状态，提高身体的活动能力和精神状态，以精神饱满、体力充沛的状态开始一天的生活。

早操活动通常包括一系列的身体大肌肉群的活动，例如伸展、旋转、跳跃、踢腿等，这些动作能够促进血液循环，增强身体的代谢能力，提高身体的灵活性和协调性。除了身体上的活动外，早操活动中还包括一些简单的舞蹈、音乐和游戏活动，这些活动能够激发幼儿的兴趣和热情，让他们更加投入、快乐地参与其中。例如，在早操中，教师会选择一些欢快的音乐，引导幼儿进行舞蹈和游戏，这能够让幼儿感受到音乐的美感和身体的力量，增强他们的活力和精神状态。

二、有助于幼儿养成良好的习惯、个性和意志品质

早操活动能培养幼儿勇敢、顽强的意志和自信心，还能培养幼儿参与、乐群、合作及群体意识，使之形成良好的个性。

首先，早操活动需要幼儿遵守一定的规则和纪律，例如排队、保持队列整齐等，这能够培养幼儿的纪律感和集体意识。在早操活动中，教师会引导幼儿按照一定的顺序完成动作，这能够让幼儿学习到如何遵守规则和纪律，如何与他人协调合作。

其次，早操活动还能够培养幼儿的参与意识和合作精神。在早操中，教师会引导幼儿参与集体活动，例如合作搭山洞、石头剪刀布游戏等，这能够让幼儿感受到集体的力量和快乐，培养他们的参与意识和合作精神。

最后，早操活动还能够培养幼儿乐群、合群的性格特点，让他们学会与他人相处、互相帮助、共同进步。

三、有助于锻炼幼儿体质和塑造良好的形体

幼儿每天通过身体上下肢、躯干、头部等部位协同一致的大肌肉群操节化活动能逐渐形成良好的身体姿势，促进身体形态和机能的生长发育。例如保持正确的站立姿势、行走姿势等，这些良好的身体姿势能够帮助幼儿塑造健康的身体形态，预防和纠正不良的身体姿势，例如驼背、佝偻等。同时，教师要关注每个幼儿的动作和表现，及时纠正和指导他们的不良姿势和动作。

此外，坚持每天做早操，能使幼儿有效地适应不同季节和气温的变化，提高幼儿的身体机能和抵抗力。

四、有助于开发幼儿智力

在早操活动中，幼儿不仅要认真观察教师的示范，理解动作的要领和要求，而且要学会控制好队列队形的变化、走跑的间距，记住每一个动作

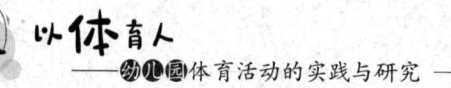

的顺序，通过准确地变换队列和队形，保持队列的整齐和一致性。在多种感官的参与下，幼儿的观察力、注意力、记忆力和动作思维能力将得到提高。此外，教师还要通过提问、讲解等方式与幼儿进行互动，这能够激发幼儿的兴趣和好奇心，提高他们的注意力和记忆力。通过与教师的交流和互动，幼儿能够逐渐培养自己的语言表达能力和沟通能力。

五、有助于融入幼儿美育

早操活动也是欣赏美、感受美、表现美的过程。在这一过程中，幼儿通过身体运动、音乐节奏、团队协作等形式，多角度地体验和表达美的内涵。

欣赏美：早操活动中的美是多方面的。首先是音乐的美，孩子们随着旋律的起伏和节奏的快慢进行动作，感受音乐的韵律和美感。对于较小的幼儿，可以选择节奏明快、旋律优美、富有童趣的音乐，例如儿歌、童谣等，这些能够让幼儿更好地感受到音乐的节奏和旋律，增强他们的音乐感受力。对于较大的幼儿，可以选择一些流行音乐或者轻音乐，这些能够激发他们的兴趣和热情，让他们更加投入地参与早操活动。其次是动作的美，幼儿在教师的指导下，学习并模仿各种动作，这些动作往往经过精心设计，既符合幼儿的身体特点，又富有艺术性和表现力。最后，还有团队的美，孩子们在早操中需要保持队形整齐、动作一致，这种团队协作的精神本身就是一种美的体现。

感受美：在早操活动中，幼儿通过亲身参与，能够更深刻地感受到美的存在。他们会在音乐的引导下，自然地调整呼吸、放松身体，感受音乐与动作的和谐统一。同时，幼儿还会在与其他幼儿的互动中，感受到团队的力量和温暖，这种感受会让他们更加珍惜和热爱集体生活。

表现美：早操活动为幼儿提供了一个展示自我的舞台。幼儿在音乐的陪伴下，可以自由地表现自己的身体、情感和创造力。他们会用动作来诠释对美的理解，用表情来传递内心的喜悦和自豪。这种表现美的过程不仅能够增强幼儿的自信心和表现力，还能够激发他们的创造力和想象力。

六、有助于培养幼儿的集体主义精神

在早操活动中，要求排队快速、动作整齐、服从指挥等，这些要求需要幼儿具备一定的自我控制能力和集体意识。排队快速需要幼儿能够迅速做出反应，按照规定的顺序排队，这需要幼儿具备一定的观察能力和执行力；动作整齐需要幼儿能够协同完成动作，学会与他人配合，这需要幼儿具备一定的合作精神和协调能力；服从指挥需要幼儿能够尊重规则，听从教师的指挥和指导，这需要幼儿具备一定的纪律感和责任感。

在早操活动中，班级之间的比较也是一种促进集体主义精神形成的方式。通过比较，幼儿能够认识到自己所在班级的形象和表现，从而增强幼儿的集体荣誉感和团结合作的精神。这种比较不是竞争性的，而是通过互相学习、互相促进的方式来实现的。当个人的行为与集体的要求不一致时，需要幼儿能够自我调整，以集体的利益为先，尊重集体的决定。这种个人利益服从集体利益的精神也是集体主义精神的核心。

七、幼儿早操活动中常见的问题

（一）整体设计不够科学，没有抓住核心目标

早操活动的整体设计应该符合幼儿的身心发展规律和需求，明确早操活动的核心目标。但是，有些幼儿园在设计早操活动时缺乏科学性，导致活动效果不佳或者对幼儿的身心发展产生负面影响。编排时没有抓住早操活动的重点，不明白基本体操的内容才是核心，它不同于其他活动的目标，是早操活动独有的。因此，在设计早操活动时，需要考虑到幼儿的年龄特点、身体素质、兴趣爱好、身体发展规律等方面因素，制订科学、合理的早操计划，以促进幼儿的全面发展。

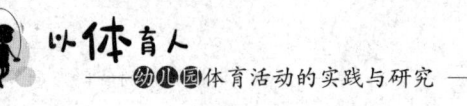

(二)内容单一,缺乏创意

早操内容缺乏变化和创意,幼儿可能会觉得早操是一项枯燥的任务,而不是一种享受,逐渐失去参与的热情和兴趣。有时,为了使整套动作看起来更加美观,教师可能会在早操中增加一些难度偏大的舞蹈动作或是成人化的动作。对于一些没有学过舞蹈或肢体不够灵活协调的幼儿来说,这样的动作可能过于复杂,难以掌握,导致他们产生挫败感。这种情况下,可以考虑引入更多不同类型的早操形式,如舞蹈、健身操、游戏等,以及增加一些有创意的环节,如互动游戏、故事情境等,以激发幼儿的兴趣和创造力。

(三)重视力度不够,教师引导不足

一些幼儿园对早操活动的重视程度不够,往往被视作例行公事,缺乏明确的目标和计划。教师可能只是简单地按照既定程序进行,没有考虑到幼儿的具体需求和兴趣。教师在早操活动中进行动作示范时,可能由于自身技能不足或重视不够,导致动作示范不够标准或清晰,这会直接影响到幼儿的学习和模仿效果。对于动作不规范的幼儿,教师可能没有及时给予纠正和指导,导致问题得不到及时解决。此外,教师在早操活动中往往过于注重动作的准确性,这会导致活动氛围单调、缺乏趣味性,影响幼儿的参与度和兴趣。

为了解决这些问题,教师需要提高对早操活动的重视程度,加强自身的专业知识和技能培养,增强对幼儿的关注和指导力度,同时积极创新和改进活动内容,提高活动的趣味性和吸引力。

(四)组织管理不到位,缺乏规范性

有些幼儿园在早操活动中存在组织管理不到位的情况,缺乏规范性和科学性,导致幼儿参与早操的积极性和效果都不尽如人意。需要建立健全早操活动的组织管理制度,加强规范性和科学性,提高幼儿参与早操的积极性和效果。

（五）忽视个体差异，缺乏针对性

幼儿的身体素质和特点各不相同，需要有针对性地设计早操内容和方式。但是，有些幼儿园在早操活动中忽视幼儿的个体差异，缺乏针对性，导致早操活动的效果不佳。因此，需要根据不同幼儿的特点和需求，设计有针对性的早操内容和方式，提高早操活动的针对性和效果。

（六）忽视安全问题，存在安全隐患

在早操活动中，有些幼儿园忽视安全问题，存在一些安全隐患，如场地不安全、器械不规范等，需要引起重视和解决。除了加强安全意识外，还需要在场地设计、器械选择、教师培训等方面加强安全管理，消除安全隐患，确保早操活动的安全顺利进行。

（七）缺乏情感交流

在早操活动中，教师往往注重的是幼儿的动作规范和规则意识，忽视了与幼儿的情感交流。具体体现在以下几个方面：

单向指导：教师主要关注幼儿的动作是否规范，是否整齐划一，是否遵守规则，而很少与幼儿进行互动和交流。

缺乏反馈：即使幼儿表现出色或遇到困难，教师也可能没有给予及时的正面反馈或帮助，导致幼儿感到被忽视。

忽视个体差异：每个幼儿都有不同的学习速度和能力，但教师可能为了追求整齐划一的效果，简单地进行机械化的重复训练，没有针对个别幼儿提供个性化的指导和帮助。

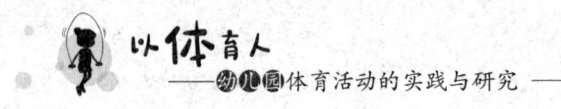

第二节　早操活动的结构

为了更好地处理早操与幼儿身体发展之间的关系、早操与幼儿参与运动的兴趣之间的关系等综合因素，将幼儿早操分成五个环节：热身运动、队列变化、基本操节、体能游戏、放松阶段。也可以把队列变化和基本操节内容融合进行组织。根据幼儿的年龄特点，小班早操时间一般为8～10分钟，中班早操时间一般为10～12分钟，大班早操时间一般为12分钟。幼儿园早操编排应符合幼儿的兴趣和发展需要，内容应贴近幼儿的生活，编排时应尽量科学，遵循早操的基本结构和规律，采用"游戏化""趣味化"的方法使幼儿在活动过程中有愉快的体验。

一、热身运动

幼儿园早操热身运动旨在组织和集中幼儿的注意力，让幼儿的身体机能迅速进入运动状态，提高幼儿的身体素质和免疫力。在早操热身运动中，应该根据幼儿的年龄特点和个体差异选择适合的运动方式和难度，注重音乐的选择和配合，做好教师的引导和示范工作，让幼儿在愉悦的氛围中锻炼身体。

（一）音乐伴奏下的模仿动作

在早操热身运动中，通常会选择一些节奏明快、旋律欢快的音乐，让幼儿在音乐的伴奏下进行模仿动作。这些模仿动作可以是模仿小动物，如小鸟飞、小兔跳等，也可以是模仿日常生活中的一些动作，如洗脸、刷牙等。通过这些模仿动作，可以让幼儿的身体得到充分的伸展和活动，提高幼儿身体的协调性和灵敏性。

（二）走、跑类的全身运动

在早操热身运动中，还会进行一些走、跑类的全身运动，如慢跑、快走、踏步等。这些运动可以帮助幼儿活动全身的肌肉和关节，提高幼儿的心肺功能和血液循环，为接下来的早操活动做好准备。

（三）组织集体游戏

在早操热身运动中，也可以组织一些简单的集体游戏，如木头人、点名等。这些游戏可以激发幼儿的兴趣和好奇心，提高幼儿的注意力和反应能力，同时也可以增强幼儿的身体素质。

（四）舞蹈表演

在早操热身运动中，还可以邀请一些舞蹈基础较好的幼儿进行舞蹈表演。这不仅可以展示幼儿的舞蹈才能，也可以激发其他幼儿的学习兴趣和热情，营造出一种积极向上的氛围。

为了更好地发挥早操热身运动的作用，建议幼儿园在早操热身运动中注重以下几点：

第一，合理安排时间和强度。幼儿园应该根据幼儿的年龄和身体状况合理安排早操热身运动的时间和强度，避免过度运动造成损伤。

第二，多样化的运动方式。在早操热身运动中，应该采用多样化的运动方式，如模仿动作、全身运动、集体游戏、舞蹈表演等，以激发幼儿的兴趣和热情。

第三，注重个体差异。在早操热身运动中，应该关注幼儿的个体差异，根据不同幼儿的身体状况和特点选择适合的运动方式和难度，避免"一刀切"的做法。

第四，音乐的选择和配合。在早操热身运动中，应该选择节奏明快、旋律欢快的音乐，营造出一种欢快、活泼的氛围，让幼儿在愉悦的氛围中锻炼身体。

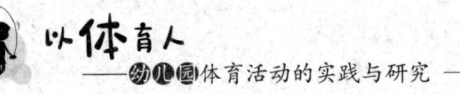

第五，教师的引导和示范。在早操热身运动中，教师应该做好引导和示范工作，帮助幼儿掌握正确的动作要领和姿势，避免不正确的动作和姿势对幼儿的身体造成伤害。

二、队列变化

通过队列变化练习，可提高幼儿了解与认识自身与团体的关系的能力，增进幼儿的团体意识，并发展幼儿理解指令的能力。同时，队列变化也是热身运动的一种积极的延续，为幼儿的早操活动做好充分准备。

（一）速度的变化

1. 原地踏步

原地踏步是一种在原地进行的步伐变化，可以逐渐增加步伐的频率，使幼儿的活动量逐渐增加，达到热身的目的。原地踏步可以锻炼幼儿的协调能力、节奏感和集体配合能力。

2. 齐步走

齐步走是一种步伐一致的行进方式，要求幼儿保持一致的步幅和步频。这种变化可以锻炼幼儿的协作能力和集体意识，同时也可以提高幼儿的行进能力和自信心。

3. 跑步走

跑步走是一种快速行进的方式，要求幼儿保持大步伐和高步频。这种变化可以锻炼幼儿的耐力和爆发力，同时也可以提高幼儿的心肺功能和身体素质。

（二）队形的变化

1. 切段分队走或左右分队走

将幼儿分成若干个小队，每个小队排成一列纵队，在行进中可以进行切段分队走或左右分队走，以锻炼幼儿的团队协作能力和反应能力。

2. 四路变二路

将幼儿分成四路纵队，在进行四路变二路时，每两路纵队合并成一路纵队，这可以锻炼幼儿的反应能力和协作能力。

3. 二路变四路

将幼儿分成两路纵队，在进行二路变四路时，每纵队分开成两路纵队，这可以锻炼幼儿的观察能力和协作能力。

4. 四路变圆形

将幼儿分成四路纵队，每纵队排成一个圆形，在圆形队列变化时，可以让幼儿进行方向变换，逆时针或顺时针地行走，这可以锻炼幼儿的集体意识和协作能力。

在队列变化的过程中，需要注意以下几点：

首先，教师的示范和指导非常重要。在进行队列变化之前，教师需要进行示范和讲解，帮助幼儿理解队列变化的要求和步骤。同时，在队列变化的过程中，教师需要密切关注幼儿的表现和反应，及时给予指导和帮助，确保队列变化能够顺利进行。

其次，幼儿的配合和协作也非常重要。在队列变化的过程中，幼儿需要相互配合和协作，按照教师的指令和要求进行队列变化。只有全体幼儿齐心协力，才能够顺利完成队列变化的任务。

最后，安全和卫生也是需要注意的问题。在队列变化的过程中，需要注意幼儿的安全问题，避免发生碰撞或跌倒等意外。同时，需要注意队列变化的卫生问题，例如避免幼儿过度拥挤造成交叉感染等。

三、基本操节

基本操节是早操的主要部分，主要是在音乐伴奏下做各类基本体操（模仿操、徒手操、轻器械操等），对幼儿身体机能有唤醒的目的。教师在创编中要根据幼儿的年龄特点和动作发展要求，重点引导幼儿在肢体活动的基础上创造性地将生活中喜爱的人、事、物融入其中，要因地制宜、因人而异进行创编。

小班：以模仿操和徒手操为主；中班：以徒手操和轻器械操为主；大

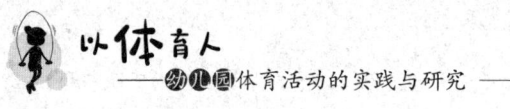

班：以徒手操和轻器械操为主。

1. 模仿操

模仿操较适合于小班幼儿，它是将日常生活中常见的各种活动、成人劳动，自然界的各种现象、动物的动作与姿态或军事训练中的动作等挑选出来，编成很形象的体操动作，促进幼儿身体的发展。

2. 徒手操

幼儿通过身体的颈部、上肢、下肢、躯干等部位的动作配合，根据人体各部位运动的特点，按照一定的程序，有目的、有节奏地进行各种举、摆、绕、振、踢、曲伸、绕环、跳跃等系列单一或组合动作的身体练习。这些动作的编排顺序是：从上肢到下肢再到全身，从运动量小的动作到运动量大的动作。常见的徒手操有武术操、韵律操等。

武术操较适合于中大班幼儿，它是将武术的基本手型、手法、步型、步法、腿法、身法等动作进行分解，与基本体操结合起来的一种锻炼形式。武术操在气势磅礴的音乐伴奏下缓速进行，能培养幼儿的精气神。常见的武术音乐有"中国功夫""醉拳""中华小子"等。

3. 轻器械操

轻器械操是在幼儿徒手操的基础上，幼儿手持较轻的器械所做的各种体操动作。可以有创意地使用日常生活中的一些物品作为运动早操的器材（如废物利用与一物多用原则相结合，具体使用日常生活中的方盒、瓶子、拉力器、草袋等用于操的编排与练习），也可以直接购买一些运动早操器材（如哑铃、红旗、棍棒、球、绳或其他运动器材等）。器材的加入可以为早操活动增添更多的趣味性和多样性，通过声音、颜色和动作的变化，极大地提高幼儿的锻炼兴趣。

四、体能游戏

体能游戏是一种利用身体或器材进行的活动，旨在发展幼儿的基本动作，如走、跑、跳、投掷、钻爬、平衡等，以提升他们的协调性、运动能力和参与游戏的积极性。在体能游戏中，可以按照特定的动作要求，将游戏区域分成不同的部分，开展一些运动量较大的游戏。

将游戏渗透在早操中，可以有效地激发幼儿对早操活动的兴趣，提高他们参与活动的积极性。通过游戏的形式，可以让幼儿在轻松愉快的氛围中参与早操活动，进一步增强早操锻炼的价值。

在体能游戏中，可以通过不同的游戏设置和动作要求，有针对性地锻炼幼儿的身体素质和基本动作。例如，可以通过追逐游戏、接力游戏等提高幼儿的奔跑速度；通过投掷游戏、平衡游戏等锻炼幼儿的协调性和平衡感；通过钻爬游戏、跳跃游戏等发展幼儿的身体控制和协调能力。

在设计体能游戏的过程中还需注意以下问题：

1. 高效合理利用器材

在游戏中充分利用各种器材，使器材得到最大限度地使用，避免浪费和重复。例如，可以在游戏中引入各种不同的运动器材，如球、圈、绳等，增加游戏的趣味性和挑战性。这些器材不仅可以用于锻炼幼儿的基本动作，还可以培养他们的团队合作精神和规则意识。鼓励幼儿园设计不同的游戏和动作，让幼儿在使用器材的过程中进行锻炼，培养他们的运动能力和创新意识。

2. 科学安排运动负荷

要根据不同年龄段幼儿的身体特点和运动能力，科学合理地安排游戏中的运动负荷。运动负荷过小会导致幼儿得不到足够的锻炼，而运动负荷过大会导致幼儿疲劳和受伤，都不利于幼儿的身体发展。因此，需要充分考虑运动强度、时间和频率等因素，确保游戏能够促进幼儿的身体发展。

3. 加强教师指导和纠错

在游戏过程中，教师需要及时给予指导和纠错，帮助幼儿掌握正确的动作技巧和规则。教师指导和纠错时要耐心、细致，使幼儿能够理解并接受，避免出现不良的运动习惯和行为。

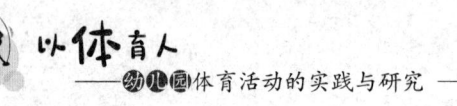

4. 减少消极等待

在游戏中，要尽可能减少幼儿的消极等待时间，让他们能够充分参与到游戏中。可以通过合理分组、轮流进行等方式，使每个幼儿都有事可做，减少等待时间。同时，也可以设计一些需要幼儿合作完成的游戏，培养他们的合作意识和团队精神，提高游戏的互动性和趣味性。

五、放松阶段

早操的放松阶段是非常重要的，它可以让幼儿在激烈的运动后逐渐放松身心，以良好的身体和精神面貌开始一天的幼儿园生活。在这个阶段，可以选择一些轻松、柔和的音乐或活动，帮助幼儿逐渐恢复平静。例如，可以选择古典名曲，在优美的旋律中让幼儿感觉自己化身为一只可爱的小蝴蝶，轻柔地舞动翅膀。这样的活动不仅可以让幼儿在音乐中得到愉悦的感受，还可以帮助他们逐渐恢复平静，使心率逐步恢复正常。

此外，还可以通过一些轻松的拉伸运动、呼吸练习等帮助幼儿放松肌肉，缓解疲劳。在这个阶段，教师的引导和关怀也非常重要，可以帮助幼儿调整情绪，以最佳的状态进入一天的幼儿园生活。

在早操的编排中，要根据不同年龄阶段的幼儿体能、身心发展特点，有计划、有目的、循序渐进地提高幼儿的动作灵活性、协调性、自我意识、合作能力等。例如，对于小班的幼儿，可以编排一些简单、易学的动作，以培养他们的身体协调性和注意力集中能力；对于中大班的幼儿，可以安排一些稍微复杂的组合动作，以锻炼他们的体能和团队合作精神。

同时，也要尽可能丰富早操的内容，引入更多的元素和创意，让幼儿感到新奇和有趣。例如，可以加入一些有趣的角色扮演、模仿游戏等，让幼儿在游戏中学习到一些生活常识和社交礼仪。

第三节　早操活动的创编原则

每个幼儿园都会创编具有特色的早操，但是在创编特色早操过程中，需要遵守一定的原则，从而让早操创编更为科学和合理，促进幼儿园早操活动优质发展。

一、幼儿早操活动创编原则

幼儿早操活动创编应遵循下面的原则，目的是让早操活动更顺利、更有效地开展，以便引领幼儿全面发展。

（一）价值需求的原则

价值需求原则是指在创编幼儿早操时，要考虑早操的价值，从发挥早操最大价值的角度去设计早操内容。这一原则强调的是早操的意义和目的，旨在通过早操锻炼身体，并在培养团队协作精神等方面发挥积极作用。

1. 健康价值

早操能够促进幼儿的身体发育和健康成长，提高身体素质，增强免疫力。因此，在设计早操时，应注重选择有益于幼儿身体发展的动作，如伸展、跳跃、旋转等，以促进幼儿的身体发育和健康成长。

2. 心理价值

早操能够提高幼儿的心理素质，增强自信心和意志力。在设计早操时，应注重选择适合幼儿心理发展的动作和音乐，让早操更具趣味性和互动性，激发幼儿参与的积极性，从而提高幼儿的心理素质。

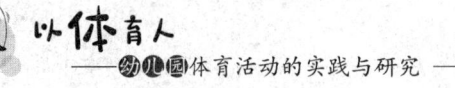

3. 社会价值

早操能够培养幼儿的团队协作精神和社交能力。在设计早操时，应注重选择适合集体活动的动作和游戏，强调团队合作和集体荣誉感，培养幼儿的协作精神和社交能力。

4. 文化价值

早操能够传承和弘扬中华优秀传统文化。在设计早操时，可以融入一些传统元素，如武术、戏曲、民族传统游戏等，让幼儿在锻炼身体的同时，也能够了解和传承中华优秀传统文化。

（二）合理安排的原则

合理安排原则是指在创编幼儿早操时，需要按照一定的顺序和规律，合理地安排早操的内容和节奏，以达到最佳的锻炼效果。从安静状态到活动状态再到放松状态的安排，以及合理的小节划分和节奏控制，都应遵循"安静状态—活动状态—兴奋状态—放松状态"的原则安排内容。

一般早操由6～10个运动小节组成，小班通常为6个运动小节，中班为6～8个运动小节，大班为8～10个运动小节。

1. 早操的组成

早操通常由热身运动、基本体操和放松运动三个部分组成。热身运动包括一些简单的肢体活动和呼吸练习，让身体预热，为后续的运动做好准备。基本体操是早操的核心部分，包括各种动作、舞蹈和游戏等，可以锻炼幼儿身体、培养协调性和团队合作精神。放松运动则是为了舒缓身心，逐渐恢复平静。

2. 小节划分

应该合理划分早操的小节，根据不同的年龄段和身体发展需求，确定小节的数量和内容。小节划分要注重动作的连贯性和节奏感，使整套早操能够自然流畅地进行。

3. 节奏控制

早操的节奏应该控制得当，根据不同的年龄段和动作难度，选择适合的节奏和节拍。早操节奏要明快、有节奏感，能够激发幼儿的参与热情。同时，也要注重节奏的转换和控制，使整套早操张弛有度，符合幼儿的身心发展规律。

（三）科学性的原则

科学性原则是指在创编幼儿早操时，必须遵循人体运动生理变化规律，遵循科学、合理的运动原则，以促进幼儿的身心健康、全面发展。如创编整套徒手操时，必须遵循人体运动生理变化规律，动作要由小到大、由慢到快、由易到难，逐渐增加运动量。在运动量的安排上，要根据不同年龄段幼儿的身心发展特点和运动能力，合理安排早操的运动量。运动量要逐渐增加，避免过度运动导致疲劳和受伤。在运动方式的选择上，要选择适合幼儿身体发展的运动方式，包括走、跑、跳、投掷、钻爬、平衡等基本动作。在早操开始前，要进行适当的热身运动，调整身体和心理状态，为后续的运动做好准备。在早操结束后，要进行适当的放松运动，以舒缓身心，逐渐恢复平静。

二、幼儿早操活动创编原则应落实的要求

为了更好地落实幼儿早操活动创编原则，可按照如下要求推进。

（一）以《3—6岁儿童学习与发展指南》中的健康领域为指导

在《3—6岁儿童学习与发展指南》的健康领域中，强调了幼儿要养成积极健康的生活方式，包括身体和心理两方面的健康。因此，早操的编排应该以这一目标为导向，将幼儿体能训练、动作发展和体育游戏进行有机结合，以促进幼儿身体的正常发育和机能的协调发展。

具体来说，早操的编排应该结合幼儿园每学期的幼儿体能发展目标，将早操、体育教学活动和体育游戏及体能训练有机结合起来。例如，可以在早操中加入一些基本的体操动作和舞蹈动作，以锻炼幼儿的身体协调性

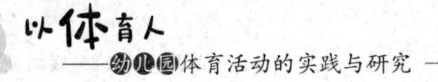

和柔韧性；还可以设计一些有趣的体育游戏，如接力赛、跳房子等，以增强幼儿的身体素质和团队合作精神。

同时，早操的编排还应该考虑幼儿的身体特点和性别差异。对于不同的幼儿，可以根据其身体状况和体能发展水平，设计不同难度和强度的动作和游戏，以达到最佳的锻炼效果。

（二）幼儿早操的运动量要适宜

运动量反映在运动强度和运动密度上，一般而言，早操的强度，以儿童平均心率140次/分为正常。

幼儿早操中的运动密度通常应安排在80%以上，因为幼儿园早操时间有限，操节之间少有停顿等待时间，而且早操不是专门的体育教学活动或体能训练，它要求幼儿要在较短时间内完成全身舒展、运动的目标，为良好开启幼儿美好的一日活动做好准备。我们一般可以通过观察幼儿结束早操后的精神状态、面部表情以及出汗程度，对早操的运动量做出简单判断。适当的早操运动后幼儿面部微红，身体发热，微出汗但不足以打湿衣服。如果出现运动量过大、幼儿负荷过重的情况，我们就应该对早操做出适当调整。

让幼儿进行早操，是以能够锻炼幼儿身体为目的。如果早操时间过长，反而会对幼儿的身心发展造成损害。那么教师可以根据早操活动后幼儿的出汗情况来进行判断，帮助幼儿调控好最佳的早操时间。

（三）幼儿早操不能舞蹈化

舞蹈的基本特征是柔美和舒展，具有欣赏价值。但幼儿早操对于幼儿有增进体能和运动能力以及发展幼儿动作协调性的作用，故幼儿早操需要达到一定的运动量，无论是模仿动作还是扩展动作，均应该有适宜的运动强度。

幼儿早操要有一定的运动密度和运动强度，以达到增强幼儿体质、提高运动能力的目的，无论是徒手操还是轻器械操，都要具备一定的运动强度。很多老师喜欢将多个舞蹈组合编排成早操，很优美、舒展且具有很好的欣赏价值，但多数舞蹈组合的运动强度并没有达到早操的运动强度，整套早操下来达不到幼儿锻炼的目的。因此，早操舞蹈化常常无法提高幼儿体能。

（四）操节合理，全面锻炼

通过早操可以消除孩子大脑皮层因睡眠而残留的抑制，振奋其精神，使其在思想、精神、体力上做好准备，迎接一天的游戏、学习、劳动等活动，这就要求早操在编排上做到操节合理。

早操的功能之一，是在一天开始之初，对幼儿起一种唤醒的作用。幼儿在早操后，尚有各种活动，故要求在幼儿完成早操后，能够轻松开始一天的活动。教师在编排早操时，要做到操节合理，要考虑到幼儿全方面的发展。早操的动作中要包含上肢、下肢、腰、背、头、颈部等全方面练习。能够让幼儿在进行早操时，既有大的动作也有精细的动作。

（五）合理的音乐选择

音乐选择要有美感，音乐对于儿童的活动和运动是有直接影响的，因此，需要重视音乐的选择。一般在早操中选择节奏感明显的、活泼的、欢快的、具有童趣的音乐较为合适。

音乐选择的技巧是：先有操，再选择音乐，音乐配操，而不是操配音乐。在确定操名、建立主题和创编好早操后，我们就应该选择合适的与早操主题相应的音乐。在节奏上，小班应多使用2/4拍；中大班可使用4/4拍；大班还可尝试3/4拍。

教师在给幼儿编排早操时要考虑到早操的音乐对幼儿的影响。幼儿早操的节奏原本是轻快的，所以这也就要求在选择音乐时，要选择一些活泼可爱、节奏鲜明的音乐。很多教师在进行早操编排时，往往是通过音乐编排早操，而实际上教师应该通过早操来选择音乐。在编排时教师应该能够运用电脑技术将音乐和早操的节拍保持协调一致。如果选择流行音乐作为幼儿的早操音乐，教师也要能够通过再加工把歌词编写成适合幼儿这个年龄段的。例如，教师如果选择动画片《喜羊羊与灰太狼》里的歌曲，那么

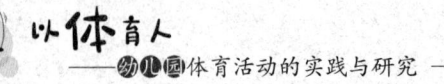

这时教师可以把歌词改编成小羊或其他比较常见的动物角色,这能让幼儿更为熟悉里面的动物形象,而在幼儿进行早操表演时,也就加入了自己对角色的理解,表演也会更为有趣。

(六)科学的器械运用

在幼儿早操活动中,器械的运用是非常重要的。通过科学地运用器械,可以增加早操的趣味性和挑战性,同时也可以提高幼儿的身体素质和运动能力。

首先,器械的一物多用和废物利用是非常重要的。通过巧妙地设计器械操,可以使同一器械发挥多种功能,从而增加早操的多样性和趣味性。同时,利用废物制作器械也是一种非常环保和可持续的做法,可以培养幼儿的环保意识。

其次,器械使用的安全性是必须考虑的。在选择和制作器械时,要确保其安全可靠,避免对幼儿造成伤害。器材的大小、重量和形状应适合幼儿的年龄和体能水平。此外,在使用器械的过程中,教师也需要注意引导幼儿正确地使用器械,避免意外发生。

再次,器械在早操中的先后次序和运用方式需要仔细编排。通过合理地安排器械出现的顺序和运用方式,可以使早操更加流畅和自然,同时也可以提高幼儿的运动效果。

最后,运动器材在早操中使用的必要性也需要考虑。在选择和使用器材时,需要结合幼儿的身体特点和运动需求,以真正达到器材提高幼儿运动兴趣和运动能力的目的。

(七)符合幼儿特征并富有趣味性

早操动作编排一定要符合幼儿年龄特征,充满趣味,以幼儿积极主动、快乐参与为前提。之前看过一些幼儿园的早操,花样多、动作优美,教师自我陶醉在动作变换中,幼儿只是机械地模仿教师,并不理解动作的意义,也没有趣味,不符合幼儿年龄特征,整个早操过程像是教师在表演,幼儿没有参与感和认同感,导致早操锻炼效果不佳。

小班以模仿操为主。早操宜简单、易学和富有趣味性,动作少、难度低、重复多,主要是围绕在教师周围做一些模仿动作。可以多用一些小动物模仿之类的,音乐也尽量温馨舒缓,这样既容易也能缓解幼儿的焦虑状态。每套操4~6节,每节4/4拍或2/8拍。

中班以徒手操为主,辅以轻器械操。中班的幼儿逐渐具备一定的肢体控制能力和运动协调能力,我们可以要求幼儿早操时,做到动作有力与动作整齐规范,如伸臂动作要求伸直,达到规定位置等,以此不断促进幼儿肢体动作、运动技能的发展与提高。早操中还可以运用简单的器械操节,器械选择应轻巧便于幼儿运动。因此,要求幼儿在做早操时有一定的队列队形概念,动作尽可能做到位,不断促进幼儿大动作技能的发展以及幼儿运动能力的不断提高。每套操6~7节,每节2/8拍。

大班以轻器械操为主,动作要有一些变化。大班幼儿的肢体控制能力和运动协调能力比小中班幼儿增强了很多,因此,可以在早操编排形式上多一些变化,运动强度也要增加,才能进一步促进幼儿运动能力的提升。动作变化的编排可以从动作方向上变化,也可以让幼儿分组与他人配合产生出各种变化;队形变化的编排可以在幼儿行进中用走、跳、跑完成各种队形的变换。因此,可以通过早操动作编排一些必要的变化,进一步发展幼儿的运动能力以及有效促进幼儿大动作技能的发展。幼儿早操动作变化的编排主要有:动作方向上的变化(前后左右等);幼儿分组与小组配合的各种变化;幼儿集中活动与分散活动的变化等。每套操7~8节,每节4/8拍。

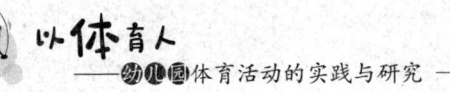

第四节 早操活动的创编步骤和案例

早操创编应遵循一定的步骤，合理进行创编，如此才能创编出更科学、更契合儿童成长规律的早操。

一、幼儿早操活动创编的具体步骤

幼儿早操活动创编应从确定主题开始，然后创编早操、选择音乐，最后进入教师会操和幼儿学习阶段，整个流程要衔接顺畅。

（一）确定主题

在早操的创编过程中，确定主题是第一个步骤。通过确立一个具有具象化和趣味性的主题，可以创建一个特定的情境和意境，从而激发幼儿参与运动和早操的兴趣。

主题的确定需要根据幼儿的兴趣和特点来进行。例如，我们可以选择以"小小兵"为主题，将基本的军事技能融入早操活动中。这样的主题能够吸引幼儿的注意力，激发他们对军人形象的好奇心和向往之情。通过模仿军人的动作和行为，幼儿可以学习到军人的好思想、好作风和好习惯，同时也能培养他们的爱国主义精神。

在以"小小兵"为主题的早操活动中，我们可以设计一些基本的军事技能动作，如敬礼、队列训练、跑步等。这些动作不仅能够帮助幼儿锻炼身体，提高他们的体能水平，而且能够让他们感受到军人的坚韧和自律。此外，我们还可以通过音乐的选择和队列的排列，增强早操的趣味性和互动性，让幼儿更加喜欢参与早操活动。

（二）创编早操

在确定了早操的主题之后，接下来就是进行具体的创编过程。以年级为单位，教师可以通过集体创编的方式，共同确定早操各个环节的具体内容和动作细节。一般来说，同一年级的早操内容和动作可以是相同的。

对于小、中、大班的早操，应该根据幼儿的动作发展规律和运动能力进行创编。在队形队列变化的复杂程度、动作技能的难度、运动负荷等方面，应该呈现出递增的趋势。这样能够更好地适应不同年龄段幼儿的身心发展需求，确保早操的科学性和有效性。

在早操的创编过程中，需要注意以下几点。

第一，动作的难易程度要适中，既要保证一定的挑战性，又要避免过于困难导致幼儿失去兴趣。

第二，队形队列的变化要合理，既要保证运动的趣味性，又要避免过于复杂导致幼儿难以理解。

第三，音乐的选择要符合主题和动作的节奏，既要保证音乐的趣味性和节奏感，又要避免过于复杂导致幼儿难以记忆。

第四，道具的使用要适当，既要增加早操的趣味性，又要避免过于复杂导致幼儿失去兴趣。

通过科学合理的创编，早操可以成为一种富有乐趣和运动价值的活动，能够有效地促进幼儿的身心健康和全面发展。同时，教师也可以通过早操的创编过程，提高自己的专业水平和团队协作能力。

（三）选择音乐

在确定早操的主题和创编好早操后，接下来就是选择与早操主题相应的音乐。音乐的选择是非常重要的，因为它不仅能够为早操增添趣味性和节奏感，还能够激发幼儿的运动兴趣，提高他们的运动效果。

在选择音乐时，应该重视音乐本身的节拍和节奏，并充分考虑是否符合幼儿早操的要求。一般来说，早操的音乐应该是活泼、明快的，能够

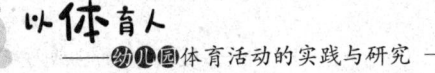

激发幼儿的运动热情和兴趣。同时，在早操的中间部分和放松部分，可以选择一些舒缓、柔和的音乐，帮助幼儿逐渐放松身心，达到良好的运动效果。

此外，在选择音乐时，还需要考虑音乐是否符合幼儿的心理和审美特点，以及是否易于记忆和跟唱。音乐应该具有简单、明快、节奏感强的特点，方便幼儿理解和记忆。同时，音乐的旋律和歌词也应该简单易懂，方便幼儿跟唱和互动。

（四）教师会操

在早操编排好后，各年段教师需要进行会操活动，这是早操创编过程中的一个重要环节。通过会操，教师可以完整地展示早操的全过程，检验早操是否符合不同年龄阶段幼儿身心发展和动作发展的特点，早操各环节之间的衔接是否顺畅，早操音乐的选择是否适宜且与动作相匹配。此外，会操活动也可以让教师本身更加明确所编排早操的动作对于幼儿体能发展的作用。

在会操活动中，教师需要注意以下几点。

第一，会操前，教师需要提前熟悉早操的各个环节和动作，掌握音乐节奏和顺序。

第二，会操中，教师需要注重自己的示范和指导作用，带领幼儿完成早操各个环节。

第三，会操后，教师需要进行反思和总结，评估早操的适宜性和效果，并及时作出修正或调整。

通过会操活动，教师可以更好地掌握早操的各个环节和动作，更好地指导幼儿完成早操，同时也可以提高自己的教学水平和专业素养。此外，通过会操活动，教师还可以加强团队协作和交流，共同提高早操的创编水平和教学质量，为幼儿提供更加优质的教育服务。

（五）幼儿学习

在教授幼儿新的早操时，可以将早操的各个环节进行分解，采取递加式的学习方式，再配合音乐进行整套早操的完整学习。比如，第一阶段学习队列变化，第二阶段学习队列变化和基本操节，第三阶段学习队列变化、基本操节和体能游戏，第四阶段学习队列变化、基本操节、体能游戏和放松游戏。这样既可以提高学习效率和加快动作的掌握及巩固，又可以及时发现并纠正错误动作，帮助幼儿建立和巩固正确动作的动力定型。

教师的准确示范，让孩子对早操有正确的动作感知，并建立标准以加强幼儿学习新动作的准确性。

在幼儿学习早操的过程中，教师必须在前面做示范，并注意幼儿动作的正确性和规范性，以及行列的整齐、间距的保持等，有不妥和错误时，应及时进行纠正。

二、幼儿早操活动创编案例

模仿操

（一）设计意图

小班幼儿非常喜欢模仿，但学习时动作又不到位，精细动作没有办法完全掌握，学习起来也会感到特别枯燥。本套模仿操通过简单的语言指令，模仿小动物伸展、弯腰、跳跃、踢腿等动作，激发幼儿的运动兴趣，提高幼儿的表现力，增强幼儿参与练习的自信心。

（二）基本情况

名称：《徒手模仿操》

操节类型：徒手

适合年龄段：小班

音乐：轻音乐

（三）具体编排

第一节：伸展运动

动作要领：两脚并拢自然站立，两臂伸直，振臂两次。

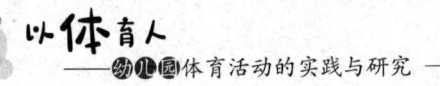

语言指令：小动物，起得早（振臂一次），伸伸臂呀，伸伸臂（振臂一次）。

第二节：腰部运动

动作要领：两脚并拢自然站立，两臂自然下垂，贴大腿裤缝，两腿伸直，弯腰使身体角度小于45度，弯腰同时两臂自然下垂，手指尽量触摸脚面两次。

语言指令：弯弯腰呀，弯弯腰。

第三节：腿部运动

动作要领：两脚并拢自然站立，双手叉腰，双腿各踢一次，踢腿角度大于60度；

语言指令：踢踢腿呀，踢踢腿（踢腿一次），踢踢腿呀，踢踢腿（踢腿一次）！

第四节：跳跃运动

动作要领：两脚并拢自然站立，两手紧贴耳朵，伸出剪刀手，向上跳两次，脚尖离地，双腿弯曲，两脚轻轻落地。

语言指令：蹦蹦跳呀，蹦蹦跳。

第五节：平衡运动

动作要领：两脚并拢自然站立，两手紧贴耳朵，伸出剪刀手，旋转跳4次，转一圈，脚尖离地，双腿弯曲，两脚轻轻落地。

语言指令：转个圈呀，转个圈。

第六节：放松运动①

动作要领：两脚张开同肩宽，自然站立，两臂举过头顶自然打开，由上往下做伸懒腰的动作，脚尖点地，脚后跟离地，脚后跟自然落地。

语言指令：小动物，伸懒腰啦！

再来一次：重复一至五节。

第七节：放松运动②

动作要领：两脚张开同肩宽，自然站立，两臂举过头顶自然打开，角度成60度,脚尖点地,脚后跟离地,身体呈紧绷状态,整个身体猛地一下由高到低自由落地。

语言指令:小动物,长高啦!长——高——啦!唔——!

操节结束。

圈圈操

(一)设计意图

小班幼儿对玩圈圈很感兴趣,常常把塑料圈当成替代物来游戏,所以创编圈圈操是激发幼儿参与操节活动兴趣的方法之一。

(二)基本情况

名称:《圈圈操》

操节类型:器械操

适合年龄段:小班

音乐:《阿童木》

(三)具体编排

1. 上肢运动

(1)第一个八拍

双手握圈往前伸,双手握圈再上举,还原1的动作,复位胸前。

1　　　　　2　　　　　3　　　　　4

上肢运动图示

（2）第二个八拍

同上动作。

2. 下蹲运动

（1）第一个八拍

双手握圈往前伸，复位胸前，下蹲，复位胸前。

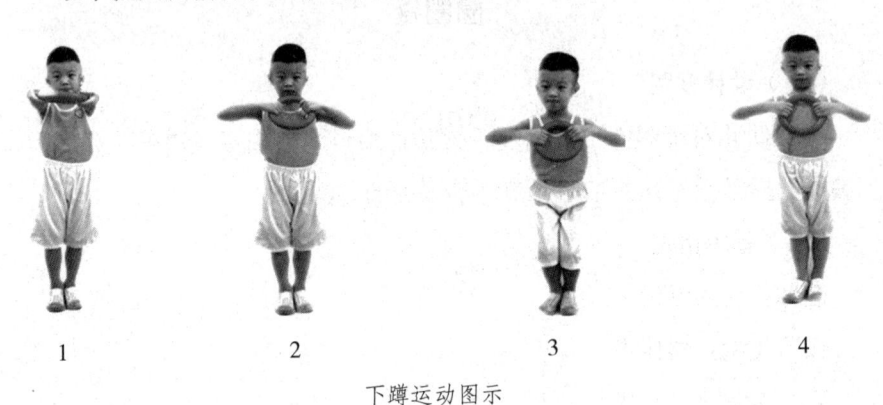

1　　　　　　2　　　　　　3　　　　　　4

下蹲运动图示

（2）第二个八拍

同上动作。

3. 体侧运动

（1）第一个八拍

双手握圈上举同时开脚，体向左侧，复位1的动作，复位胸前。

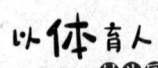

1　　　　　　2　　　　　　3　　　　　　4

体侧运动第一个八拍图示

（2）第二个八拍

同上动作，方向相反。

1　　　　　　2　　　　　　3　　　　　　4

体侧运动第二个八拍图示

4. 跳跃运动

（1）第一个八拍

胸前握圈踏步，胸前握圈跳跃。

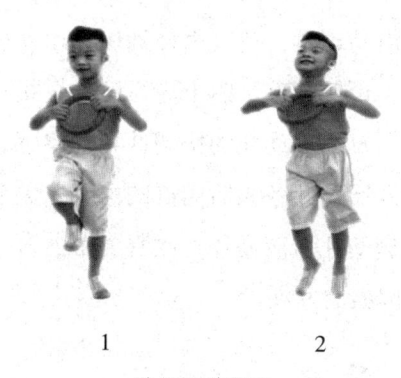

1　　　　　　2

跳跃运动图示

（2）第二个八拍

同上动作。

5. 整理运动

（1）第一个八拍

握圈缓慢从前往上举，复位胸前。

1　　　　　　　　　2　　　　　　　　　3

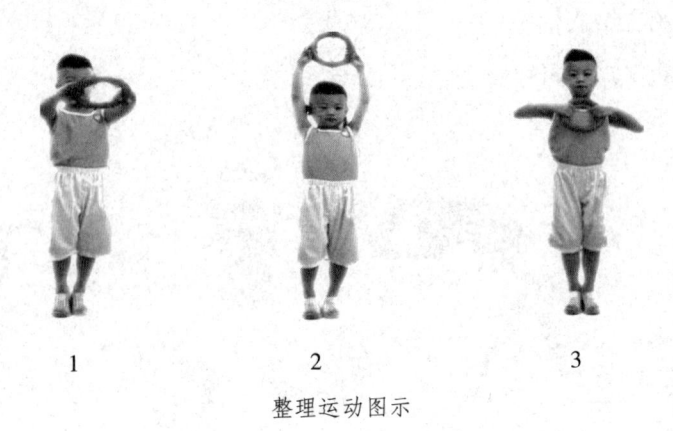

整理运动图示

（2）第二个八拍

同上动作。

徒手操

（一）设计意图

幼儿徒手操是幼儿早操、课间操、体育教学活动以及户外体育游戏活动的内容之一。动作由易到难，速度由慢到快，运动量逐渐加大。整套操从上、下肢开始运动，再转至整个躯干进行运动量相对较大的练习。变换徒手操节奏，非常有利于培养幼儿的协调性和韵律感，以整理放松的环节结束，不仅能有效地发展幼儿各大肌肉群的力量、关节的灵活性和韧带的柔韧性，同时还能促进幼儿血液循环，改善各个器官、系统的机能，使幼儿的身心得到全面、健康的发展。

（二）基本情况

名称：《全身动起来》

操节类型：徒手操

适合年龄段：中班

音乐：《清早听到公鸡叫》

（三）具体编排

第一节：上肢运动

准备动作：双脚并拢，双手贴于大腿裤缝，眼看前方。

1—2拍双脚打开，双手侧平举。

3—4拍双脚保持，两手上举，面向上方，双手拍掌。

5—6拍双脚保持，双手放下，侧平举。

7—8拍双脚并拢，双手贴于大腿裤缝，眼看前方。

重复动作。

第二节：下蹲运动

1—2拍双脚并拢，双手侧上举，眼看前方。

3—4拍屈膝下蹲，身体左微屈，头侧向左方，双手拍掌后并拢置于左耳侧方。

5—6拍双脚并拢，双手侧上举，眼看前方。

7—8拍屈膝下蹲，身体右微屈，头侧向右方，双手拍掌后并拢置于右耳侧方。

2—2拍双脚并拢，双手侧上举，眼看前方。

3—4拍屈膝下蹲，身体左微屈，头侧向左方，双手拍掌后并拢置于左耳侧方。

5—6拍双脚并拢，双手侧上举，眼看前方。

4—8拍屈膝下蹲，身体右微屈，头侧向右方，双手拍掌后并拢置于右耳侧方。

原地踏步，手摆直，脚抬高。

第三节：扩胸运动

1—2拍双脚并拢，双手置于胸前拍掌一次。

3—4拍双脚并拢，双手置于胸前拍掌一次。

5—6拍两手平握，往外扩张一次。

7—8拍两手平握，往外扩张一次。

重复动作。

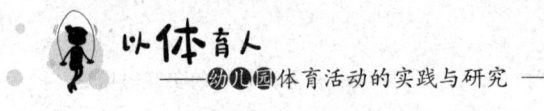

第四节：体转运动

1—2拍双脚打开，双手侧平举。

3—4拍双脚保持，上身左侧，双手击掌。

5—6拍双脚保持，双手侧平举。

7—8拍双脚并拢，双手贴于大腿裤缝，眼看前方。

2—2拍双脚打开，双手侧平举。

3—4拍双脚保持，上身右侧，双手击掌。

5—6拍双脚保持，双手侧平举。

7—8拍双脚并拢，双手贴于大腿裤缝，眼看前方。

重复动作。

原地踏步，手摆直，脚抬高。

第五节：腹背运动

1—2拍左脚打开，双手侧平举。

3—4拍双脚保持，直膝弯腰，双臂伸直击掌。

5—6拍左脚并拢，双手侧平举。

7—8拍双脚保持，双手紧贴裤缝，眼看前方。

重复动作。

第六节：跳跃运动

1—2拍双脚并拢，双手击掌两次。

3—4拍双手叉腰，双脚并拢向上跳跃两次。

5—6拍双脚并拢，双手击掌两次。

7—8拍双手叉腰，双脚并拢向上跳跃两次。

重复动作。

第七节：放松

1拍双脚并拢，踮脚，双手前平举。

2拍双脚并拢，踮脚，双手身前绕环侧平举。

3拍双脚并拢，踮脚，双手前平举。

4拍双脚并拢，双手紧贴裤缝，眼看前方。

重复动作。

象形拳

（一）设计意图

幼儿天生喜欢动物，同时模仿是孩子的天性，孩子喜欢模仿、扮演各种动物，为了提高幼儿学习武术的兴趣，特地创编了此套幼儿象形拳武术操。此套武术操是在吸取了中国武术多种拳种套路的基础上形成的，动作包含了长拳、南拳、太极拳、象形拳。通过幼儿熟悉的动物以及较为常见的象形拳类型，再结合其与动物相关的成语或四字词语给动作起名，如"灵蛇出洞""螳螂捕蝉"等，以提高武术操的趣味性。同时通过自己配音的四字词语代替歌词，更加直观地让幼儿去理解这个动作，便于幼儿进行模仿。在教学时可以代入情境，增强幼儿学习的兴趣，例如大老虎饿了，要去捕捉猎物，可以让幼儿模仿老虎扑猎物的动作及叫声；通过孙悟空的形象进行动作创编，让幼儿模仿孙悟空的火眼金睛、拔毛吹等动作，以增强幼儿体质，培养幼儿坚强的个性，促进幼儿身心发展。

（二）基本情况

名称：《象形拳》

操节类型：武术操

适合年龄段：大班

音乐：《中国功夫》+配个人录音的动物四字词语的《中国功夫》非原版快节奏纯音乐

（三）具体编排

1. 歌曲配动作

（拍摄照片为镜面示范）

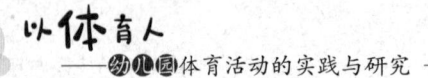

（1）前奏（敬抱拳礼——礼毕）

（2）下插掌—并步抱拳—开弓射箭

卧似（歌词） 　　　　　　　　　一张（歌词）

弓（歌词）

第三章
早操活动的实践与研究

（3）双冲拳—屈臂格挡—并步左右冲拳

站似（歌词） 　　　　　　　　　一棵（歌词）

松（歌词）

（4）挥臂—握拳—马步抱拳

不动（歌词） 　　　　　　　　　不摇（歌词）

69

坐如钟（歌词）

（5）马步三冲拳—上步—并步双掌交叉

走路（歌词）

一阵（歌词） 　　　　　　　　风（歌词）

（6）马步顶肘—上步冲拳—弹腿冲拳—撤脚冲拳—并步抱拳

南拳（歌词） 　　　　　　　　和北（歌词）

腿（歌词）

（7）双手合十—立掌勾手—马步推掌勾手（单鞭）

少林（歌词） 　　　　　　　　武当（歌词）

功（歌词）

第三章
早操活动的实践与研究

(8) 太极拳起势—抱掌—三推掌

太极（歌词） 　　　　　　　　八卦（歌词）

连环掌（歌词）

（9）震脚—架拳击掌—并步抱拳

中华（歌词） 　　　　　　　　　有神（歌词）

功（歌词）

2. 纯音乐配动作

以下动作的音乐为配个人录音的动物四字词语的《中国功夫》非原版快节奏纯音乐。一句音乐，配一个四字词语，做一个武术动作。

猛虎出山（发声鸣）　　　　　　虎虎生威

如虎添翼 　　　　　　　　　　　　饿虎扑食

灵蛇出洞 　　　　　　　　　　　　白蛇吐信（发声嘶）

青蛇上树 　　　　　　　　　　　　惊蛇入草

螳螂捕蝉 　　　　　　　　　　　　螳臂当车

雄鹰展翅 　　　　　　　　　　　　鹰击长空

灵猴观海 　　　　　　　　　　　　火眼金睛

猴子挠痒

悟空吹毛

直立收势（间奏）。

后面再重复一次动物部分的动作。

第四章
体育教学活动的实践与研究

幼儿园体育教学活动作为幼儿园体育活动的重要组成部分，不同于早操和户外体育游戏活动，其通过教师与幼儿之间开展的一系列有目的、有计划、有组织的教育活动，解决幼儿基本动作或技能方面存在的共性问题，促进幼儿身体的协调发展，提高幼儿的运动能力，也可以培养幼儿的团队精神和合作意识。

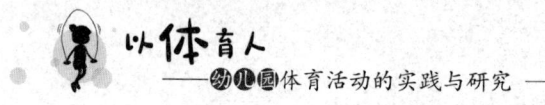

第一节　体育教学活动的意义

幼儿园体育教学活动的意义不仅在于锻炼幼儿身体，增强幼儿体质，更在于传授体育知识、技术和技能，提高其运用身体解决实际问题的能力，同时培养幼儿积极向上、团结协作等精神和良好的集体生活习惯，为幼儿的未来发展和成长打下坚实的基础。

一、锻炼幼儿的身体，增强身体素质

幼儿时期是人体生长发育的关键阶段。这个时期的幼儿身体各器官和系统的发育尚未成熟，需要通过适当的锻炼来促进其正常发育。同时，幼儿的身体也较为柔软，可塑性较强，接受锻炼的机会较多，因此是进行身体锻炼的最好时机。

二、传授适合幼儿的技能，提高解决问题的能力

教师进一步传授体育的基本知识、动作和技能，以此提高幼儿运用身体解决实际情境中出现问题的能力。

在开展体育教学活动的过程中，教师会给幼儿介绍一些基本的体育知识，比如不同游戏项目的规则和玩法、如何安全地进行游戏、在运动中自我保护的方法等。这些知识能够帮助幼儿建立起对体育运动的初步认知，激发他们的运动兴趣。同时，教师还会教授幼儿基本动作和技能，基本动作包括走、跑、跳、投掷、钻爬、平衡、翻滚等，基本技能包括拍球、

踢球、跳绳、骑行等，这些基本动作和技能是幼儿参与各种体育活动的基础。

然而，体育教学活动的最终目标并不仅是让幼儿掌握这些基本的知识、动作和技能，更重要的是通过这些活动，培养幼儿运用身体解决实际情境中出现问题的能力。

在实际生活中，幼儿会遇到各种各样的问题和挑战，而体育运动为他们提供了一个非常好的契机来锻炼自己解决问题的能力。比如，在走平衡木的游戏中，幼儿在较窄的、有一定高度的平衡木上行走，有时甚至还要跨过平衡木上的障碍物或者克服其他来自外界的干扰，幼儿不仅学会了在动态的环境中控制身体平衡的方法和技巧，还克服了其内心的恐惧；在足球竞赛游戏中，幼儿需要学会如何与队友合作、如何制定比赛策略、如何在面对对手时保持冷静并作出正确的反应。这些能力不仅在体育运动中有用，在幼儿的日常生活和未来的学习中也会发挥重要作用。

因此，幼儿园体育教学活动应该注重培养幼儿的实际应用能力，让他们在运动中学会思考、学会合作、学会解决问题。这样，才能真正发挥体育教学在幼儿教育中的重要作用，为幼儿的健康成长和全面发展打下坚实的基础。

三、培养幼儿勇敢、坚毅等精神和团结、合作、友爱等品质

幼儿园体育教学活动不仅具有趣味性，而且具有竞争性和挑战性。教师会设计各种有趣的体育游戏，以吸引幼儿的注意力，让他们在游戏中体验运动的乐趣。通过挑战性游戏，帮助幼儿设定明确的目标，需要幼儿发挥主动性和积极性，为实现目标而坚持努力，不怕困难。当幼儿出现退缩行为或者技能水平不足以应对挑战时，引导他们积极面对，学会从挫折中汲取教训，增强抗挫能力。通过竞争性游戏，可以激发幼儿的竞争意识和进取心，学会与他人合作、相互配合，学会在比赛中遵守规则、尊重对手、接受失败。这种竞争性的体验有助于幼儿养成积极的心态和坚韧不拔的品质。

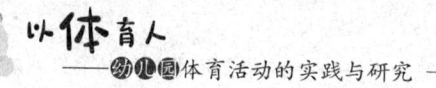

第二节　体育教学活动的组织与实施

一、体育教学活动的组织与实施方法

幼儿园体育教学活动的组织与实施需要讲究一定的方法，目的是取得更好的教育效果，引导儿童成长，一般可以分为以下三个部分：准备部分、基本部分和结束部分。

（一）准备部分

1. 常规性的准备运动

这类运动包括队列队形的变换和简单的热身运动，要求幼儿听口令，有节奏地进行。队列队形的变换可以帮助幼儿学习如何在集体活动中保持秩序和遵守纪律，同时也有助于提高幼儿的注意力。简单的热身运动（如双脚跳、原地小跑、开合跳等）可以让幼儿的身体逐渐进入运动状态，避免突然的运动刺激引起身体不适。

2. 口令式的准备运动

这类运动通常配合儿歌或音乐进行，教师通过口令引导幼儿进行运动，如跳跃、旋转等。口令式准备运动不仅可以活动全身关节，还可以提高幼儿的兴趣和注意力。配合儿歌或音乐，教师可以根据不同的节奏和旋律，变化口令，使准备活动更加生动有趣。

3. 游戏化的准备运动

这类运动可以根据活动需要，创设一个有趣的游戏情境，让幼儿在情境中自然地进行准备活动。例如，可以设计一场"动物运动会"的情境，让幼儿通过扮演各种动物角色进行热身运动。还可以设计一些需要幼儿互相配合、互动的游戏，如"口香糖"游戏，随机引导幼儿在运动过程中完成手拉手、背靠背、围成圈做动作等。这些游戏不仅可以帮助幼儿进行热身，还可以提高他们的参与度和积极性。

（二）基本部分

1. 发挥音乐元素的催化剂作用

在体育活动中，选择适合的背景音乐可以激发幼儿的参与热情，增强活动的节奏感和韵律感，提高幼儿的身体协调性。音乐可以选择欢快的儿歌或节奏明快的流行音乐，根据不同的体育活动和教学目标，选择适合的音乐类型和节奏。通过音乐的配合，教师可以引导幼儿跟随音乐节奏进行运动，提高幼儿的身体协调性和节奏感。

2. 发挥情景元素的调味剂作用

教师可以根据不同的体育活动和教学目标，设置相应的故事情境或场景，如小动物冒险、运动比赛等，让幼儿通过角色扮演和情景模拟，积极参与体育活动，同时提高他们的想象力和创造力。

3. 发挥互动元素的润滑剂作用

教师可以根据幼儿的年龄和身体特点，组织适合的合作和竞赛游戏，如接力赛、团队游戏等，让幼儿在互动中学会合作和竞争，提高他们的团队合作精神和竞争意识。

4. 发挥器材元素的辅助剂作用

教师可以根据不同的体育活动和教学目标，选择适合的体育器材和玩具，如球类、跳绳、平衡木等，引导幼儿进行多样化的体育活动，提高幼儿的活动兴趣和身体素质。

（三）结束部分

1. 放松游戏

教师可以根据幼儿的年龄和喜好，选择适合的放松游戏，如听轻柔的音乐进行身体摇摆、玩轻松的捉迷藏等，让幼儿在轻松愉快的氛围中逐渐

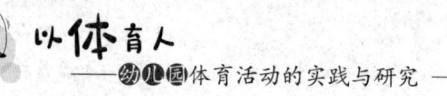

放松身体和情绪。

2. 放松律动

教师可以选择轻柔的音乐或儿歌，引导幼儿进行简单的舞蹈或身体律动，如轻轻摆动手臂、缓慢转动身体等，让幼儿在音乐的节奏中逐渐放松身体和情绪。

二、体育教学活动的组织与实施特点和要求

幼儿园体育教学活动组织与实施应该结合幼儿的身心特点，以幼儿为中心，注重科学性、趣味性和安全性，培养幼儿的身体素质和健康的心理，为幼儿的全面发展打下坚实的基础。

（一）体育教学活动组织实施的特点

1. 以幼儿为中心

幼儿园体育教学活动应围绕幼儿的需求和兴趣展开，以幼儿为中心，充分发挥幼儿的主体作用，使幼儿能够积极参与、主动探索和思考。

在幼儿体育教学中，教师需要关注幼儿的需求和兴趣，尽可能地满足他们的好奇心和探索欲望。教师可以通过观察和交流，了解幼儿的兴趣爱好和需求，设计适合他们的体育活动，激发他们的参与热情和主动性。例如，教师可以根据幼儿喜欢的动画形象，设计相关的角色扮演游戏，让幼儿在游戏中体验角色，锻炼身体素质和提高社交能力。

2. 多样化与趣味性

幼儿园体育教学活动应该设计多样化的体育活动形式，多样化的体育活动形式可以满足不同幼儿的兴趣和需求，让他们有更多的选择，从而提高他们的参与积极性。同时，通过设计有趣的游戏、舞蹈、体操等，可以吸引幼儿的注意力，增加他们的参与热情。例如，教师可以设计各种有趣的户外游戏，如捉迷藏、跳房子、跳绳等，让幼儿在游戏中锻炼身体，提高身体素质和团队协作能力。

3. 循序渐进与因材施教

幼儿园体育教学活动应根据幼儿的年龄、性别、身体素质和运动技能等方面的差异，制定不同的教学目标和教学内容，循序渐进，因材施教，使每个幼儿都能在自身基础上得到提高。

对于年龄较小的幼儿，可以设计一些简单的游戏和运动；对于年龄较大的幼儿，可以设计一些较为复杂的、组合的游戏和运动。

4. 安全与卫生

幼儿园体育教学活动应注重安全和卫生，遵守相关规定和标准，确保幼儿的身体和心理健康。

安全和卫生是幼儿园体育教学活动中的重要问题。教师要确保体育活动场地平整、无障碍物，避免幼儿在活动中摔倒或受伤。对于特殊活动，如攀爬、跳跃等，应使用专门的防护垫或软质材料以减少冲击力。体育器材应定期检查，确保无损坏、锐角、松动等安全隐患。鼓励幼儿穿着适合运动的服装和鞋子，避免穿着过紧、过松或带有饰物的衣物，以免在活动中造成不适或受伤。在活动开始前，教师应向幼儿明确活动规则和注意事项，确保每个幼儿都了解并遵守。同时，教师应密切关注幼儿的活动状态，及时制止危险行为。在活动过程中，教师应引导和提醒幼儿养成良好的个人习惯，如及时增减衣服、喝水、上厕所等。

（二）体育教学活动组织实施的要求

1. 明确教学目标

幼儿园体育教学活动应有明确的教学目标，结合幼儿的实际情况，制订具体的、可操作的教学计划，使幼儿能够在活动中得到有效的锻炼和提高。

首先，教学目标应明确具体。例如，对于小班幼儿，目标可能包括培养基本的运动兴趣，学习简单的走、跑、跳等动作，以及提高身体的协调性和平衡能力；对于中班和大班幼儿，目标可以逐渐提升，如学习更复杂的运动技能，如投掷、接球、攀爬等，同时加强团队协作能力和比赛意识

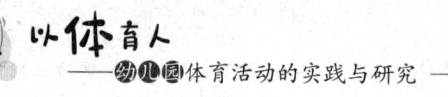

的培养。

其次，教学目标应具有可操作性。在制订教学计划时，教师应根据幼儿的实际情况，将目标细化为具体的活动内容和步骤。例如，在教授幼儿学习跳跃时，可以设计一系列由易到难的活动，比如从简单的双脚并跳开始，逐渐过渡到单脚跳、连续跳等，使幼儿在循序渐进中掌握跳跃技巧。

同时，目标设定应符合幼儿的年龄特点和身体发展水平。教师应充分了解幼儿的身心发展规律，避免设置过高或过低的目标。过高的目标可能让幼儿感到挫败和失去信心，而过低的目标则无法激发幼儿的挑战性和积极性。因此，教师应根据幼儿的实际情况，制定既具有挑战性又不过于超出他们能力范围的目标。教师在实施体育教学活动时，应密切关注幼儿的表现和反应，及时调整教学策略和方法。对于表现优秀的幼儿，可以给予适当的表扬和奖励，以激发他们的自信心和积极性；对于表现不足的幼儿，则应给予更多的指导和帮助，帮助他们克服困难并取得进步。

2. 科学合理安排

幼儿园体育教学活动应根据幼儿的年龄、性别、身体素质和运动技能等方面的差异，科学合理地安排活动内容、活动强度和活动时间，避免过度运动和运动损伤。

首先，对于不同年龄段的幼儿，应设计符合他们身心发展特点的活动内容。例如，小班幼儿的身体协调性和平衡能力较弱，适合进行简单的走、跑、跳、平衡等动作练习；中班和大班幼儿则可以逐渐增加一些难度较大、综合性的运动项目，如攀爬、跳跃障碍、投掷、篮球、足球等，以促进他们身体各方面的发展。

其次，教师应根据幼儿的身体状况和年龄特点，科学合理地设定活动强度和活动时间，例如，对于年龄较小或身体素质较差的幼儿，应适当降低活动强度，避免过度运动导致的疲劳和损伤；对于年龄较大或身体素质较好的幼儿，则可以适当增加活动强度和时间，以满足他们的运动需求。

同时，教师还应根据天气合理安排活动时间，避免在高温、寒冷或恶劣天气下进行体育活动，确保幼儿的安全和健康。此外，幼儿的身体素质和运动技能也是决定活动安排的重要因素。教师应通过观察和测试，了解每个幼儿的身体素质水平和运动技能水平，并根据这些差异制定个性化的活动方案。对于身体素质较差或运动技能较低的幼儿，应给予更多的指导和帮助，逐步提高他们的运动能力；对于身体素质较好或运动技能较高的幼儿，则可以设置更具挑战性的活动内容，激发他们的潜能和兴趣。

3. 激发兴趣与积极性

激发幼儿的兴趣和积极性是保证幼儿园体育教学活动有效性的关键之一。教师可以通过设计多样化的活动形式和内容，满足不同幼儿的需求和兴趣，激发他们的参与热情和积极性。例如，教师可以设计各种有趣的游戏，如木头人、小孩小孩真爱玩、打地鼠等，让幼儿在游戏中体验快乐和挑战。同时，教师还可以通过引导幼儿参与游戏规则的制定或者在掌握已有游戏玩法的基础上创编新的游戏，从而激发他们主动探索和思考的能力。

4. 培养团队协作与竞争意识

幼儿园体育教学活动应注重培养幼儿的团队协作和竞争意识，通过组织合作游戏和竞赛活动，引导幼儿学会相互配合、相互帮助和相互尊重，培养幼儿的团队合作精神和竞争意识。一方面，营造积极氛围，激发团队协作意识。可以设计需要团队协作才能完成的任务，如接力赛、保卫城堡等，让幼儿在参与中体验合作的乐趣和重要性。在活动过程中，鼓励幼儿与同伴分享自己的经验和感受，增进彼此的了解和信任，从而更愿意与他人合作。另一方面，设计多元活动，培养竞争意识。可以适当增加一些竞赛元素，如小组比赛、个人挑战赛等，让幼儿在竞争中体验成功的喜悦和失败的挫折，从而培养他们的竞争意识和抗挫折能力。

首先，教师应设定明确的规则和评分标准，确保比赛的公平性和公正性，让幼儿在规则的约束下参与竞争。其次，在培养竞争意识的同时，教

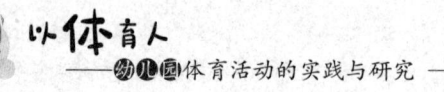

师应注重培养幼儿的体育精神，如"尊重对手、友谊第一"等，让他们明白竞争是为了促进自己和他人的进步，而不是伤害他人。最后，注重引导与评价，促进团队协作与竞争意识的和谐发展。

在活动过程中，教师应密切关注幼儿的表现，及时给予引导和帮助。当幼儿遇到合作难题时，教师可以提供建议和方法；当幼儿在竞争中表现出过度激烈或不当行为时，教师应及时制止并引导他们调整心态。对于在团队协作和竞争中表现出色的幼儿，教师应给予正面评价和鼓励，让他们感受到自己的努力和成果得到了认可；同时，对于表现一般的幼儿，教师也应给予鼓励和支持，帮助他们树立信心。

在评价过程中，教师应强调团队合作与竞争并重的价值观，让幼儿明白两者是相辅相成的。只有在团队合作的基础上才能在竞争中取得更好的成绩。同时，通过竞争也能促进团队之间的合作和进步。

5. 评价与反思

幼儿园体育教学活动应注重评价和反思，评价和反思是提高幼儿园体育教学活动有效性的重要环节。教师需要对活动效果进行评估和总结，找出存在的问题和不足，及时调整教学策略和方法，提高教学质量。例如，教师可以根据幼儿的参与度、兴趣表现、运动技能等方面进行综合评价，了解活动效果；同时，教师还可以通过与同事、家长交流等方式，获取更多的反馈和建议，进一步改进教学方法和提高教学质量。

第三节　体育教学活动实践案例

在体育教学活动实践中，应根据不同年龄段幼儿的身心特点，设计契合他们成长特点与要求的体育教学实践内容。

一、小班体育教学实践活动案例

五彩缤纷波波球

【设计意图】

小班幼儿入园的第一节体育活动至关重要。而第一节体育活动的重点则是感受体育活动的快乐，激发幼儿的运动兴趣。选择波波球作为器材是因为3—4岁的幼儿视觉偏爱集中在物体的大小和颜色上，用简单直观、颜色丰富的波波球吸引幼儿的注意力，在与波波球的互动中激发幼儿的运动兴趣，享受运动的快乐。

【活动目标】

1. 认识波波球。学习"立正"口令。
2. 积极参与活动，通过四散跑去捡球，锻炼下肢力量。
3. 在轻松、开心的氛围中体验活动的快乐，激发运动兴趣。

【活动准备】

布袋一个、波波球若干、开阔地一片。

【活动过程】

1. 开始部分

师生问好,互动。

2. 基本部分

(1)学习立正

"立——正,1——2"

"请小朋友们跟我一起做:双手五指并拢,贴住大腿裤缝,双脚并拢,抬头挺胸,像解放军叔叔一样站好。"

"表扬你!站得真棒!""我们站好的同时嘴巴要大声喊1!2!小朋友们能不能做到?"

"立——正""1——2""真棒,表扬你们,声音好响亮!"

复习1~2遍。

(2)捡波波球

教师指着装满波波球的袋子,"有没有小朋友知道这里面是什么?"

"我请一个小朋友过来摸一下,有谁敢来?但是要小心哦,有可能会咬你的……"

装作惊恐状,营造一点儿紧张的氛围。

请一个小朋友摸摸,"是圆圆的球……"

"请小朋友们退后,我把它们放出来好不好啊?"

"但我有个要求,放它们出来后你们要等我口令才能出去捡,先原地不动,看到它们不动了你再去捡,能不能做到?"

打开袋口,把波波球全部抛向空中,落一地的五彩波波球。

"请小朋友们捡球,注意别撞到人啦!"

小朋友们捡球回来时不断地表扬和鼓励他们"这么多啊,真棒,加油!"

捡完球后集合小朋友,表扬他们并介绍波波球。再玩一次捡球。

可以按照颜色捡球,每次要求捡一个。

3. 结束部分

"今天你们真能干，一下子就把球全部捡回来了，能帮助老师做事情，我表扬你们！棒！棒！你最棒！"

整理放松：拍拍手臂大腿，学习鼻子吸气嘴巴吐气，玩吹树叶的游戏。

活动结束，师生道别。

抓尾巴

【活动目标】

1. 提高直线跑和追捉躲闪能力。
2. 发展速度知觉能力，有竞争意识。
3. 了解狐狸的形态特征和生活习性。

【活动准备】

1. 一个空旷的场地，粉笔若干，绳子若干。
2. 热身：带幼儿慢跑，做操模仿小动物（雁南飞）。

【活动过程】

在场地上画两条中间相隔15～20米的平行线，分别是狐狸的洞和猎人的家，将幼儿平均分成两组（男孩女孩各一组），分别扮猎人和狐狸。狐狸身后系一条尾巴，站在猎人家前一米的地方，猎人站在家中。游戏开始时，猎人说儿歌："狐狸狐狸你听好，不许你把小鸡叼。我把猎枪准备好，今天就把你捉到！"儿歌说完，狐狸就往洞里逃，猎人在后面追，抓到尾巴就算成功，狐狸钻进洞里就不能再追了。前几次游戏可要求按直线逃和追，后几次可改为四散跑。

注意：

（1）游戏讲解中强调不准狐狸为了不让猎人抓到而自己抓住的尾巴。

（2）猎人只能抓尾巴，不能先抓人再抓尾巴。

（3）狐狸等猎人说完儿歌才能开始逃。

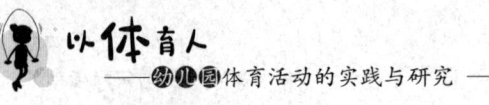

结束部分：

（1）慢走，调整呼吸，做放松整理运动。

（2）讲评，表扬表现好的小朋友，鼓励后进幼儿。

（3）师生道别。

我和圈做朋友

【设计意图】

利用圈的属性以及圈的多样玩法组合成此活动。以小朋友带着自己的好朋友（圈）一起出游为情境设计，通过和圈的互动逐步渗透生活常识，利用圈的特点设计跳跃、有规定的行走、捕鱼等活动，锻炼幼儿的行走、跳跃能力以及从高往低处跳下的缓冲。通过情景互动，增强幼儿对体育活动的兴趣。

【活动目标】

1. 锻炼双脚跳的能力，增强下肢力量。

2. 和圈互动了解穿脱衣服的知识。

3. 学会跳跃和落地缓冲。

【活动准备】

一块开阔平坦的场地，彩色呼啦圈若干。

【活动过程】

1. 开始部分

师生问好。

"小朋友们，今天我给你们带来了一个好朋友，它说要跟你们一起玩游戏哦，好不好啊？""想不想知道它是谁？好，闭上眼睛，心里默数10个数，它就出来了！"

拿圈跟小朋友们见过面后，人手一个。"记着哦，现在圈就是你们的好朋友，等下你们不要丢下它，踩它啊，它也会痛会哭的，所以你们一定要好好保护它，好好跟它一起玩哦！"

做准备活动，玩开汽车游戏、做相关的圈操，活动上下肢关节。

2. 基本部分

"今天我们要去捕鱼，不过到河岸边没有路哦，怎么办？……你们看我们的好朋友圈能不能帮上忙啊？我们用圈铺一条路出来好不好？"

先摆一条直路，再变成弯路，让小朋友快速地通过，提示不能碰到圈，"踩到你的好朋友它会痛的哦！"

过来了河边，"我们要捕鱼了，可没有渔网，怎么办啊？"（提示幼儿用圈做网）

让幼儿站成一排，在河岸上（由高往低处跳）双手拿圈，跟老师做"举起、1——2——3——跳！"双手拿圈盖下去，注意灵活调整大鱼小鱼的远近距离。（一定要把圈按在地面上，提示幼儿屈膝盖！）

捕鱼后带回家，引导幼儿进入整理环节，回家煮鱼吃。

3. 结束部分

吃鱼，鼓励幼儿把大的鱼给老师吃，然后放松、拍大腿、揉膝盖，活动结束，师生再见。

篮球真好玩

【活动目标】

1. 熟悉球性，提高上肢力量，加强控球能力。
2. 初步掌握左右手原地拍球动作，能连续拍球5次以上。
3. 愿意玩球，能体验到成功的喜悦感，增强自信心，获得乐趣。

【活动准备】

一块宽敞的平地，篮球若干，口哨一只，篮子两个。

【活动过程】

1. 开始部分

（1）师生问好。

（2）准备运动，篮球操。

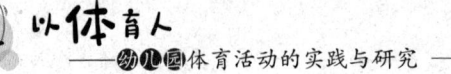

2. 基本部分

（1）激发兴趣

老师表演篮球技术让小朋友观看，让其产生学习篮球的兴趣。

教师：小朋友想不想跟老师一样把篮球玩好呀？

小朋友：想！

教师：那我们现在就去玩好不好？因为玩球的地方离我们有点远，我们需要开车或者骑马才能去，好！我们现在就出发！（老师带着小朋友慢跑热身）

（2）玩法

教师讲解：现在每个小朋友到老师这里来拿一个球，跟老师学绕球，先慢慢跟着做再加快速度，注意不要让球掉下来了，再想想有哪些其他的玩法！

接下来把球放在地上用手扶着，跟老师学滚球，看哪个小朋友做得最好，还可以动脑筋想想有什么样的滚法。

把球拿起来往篮子里抛，跟老师学，看哪个小朋友最准，还可以有什么样的投法投得更准。

教师：好了，现在我们学习拍球，先是双手拍球，然后单手拍，老师来计数，看哪个小朋友手里的球最听话，拍得最多！

3. 结束部分

整理运动，调整呼吸放松。

讲评，表扬在练习中表现积极、认真听讲、喜欢动脑筋的小朋友；对表现不足的小朋友提出要求。

师生道别。

<h2 style="text-align:center">摸爬滚打</h2>

【设计意图】

通过设计一些身体姿态的练习和垫上练习提高幼儿对身体的感知能力

（本体感觉），培养不怕困难、勇于挑战自我的精神。

【活动目标】

1. 提高身体协调能力。

2. 知道身体各部位的名称，会保护自己。

3. 激发一物多玩的思维。

【活动准备】

一大块空地（礼堂等）、体操垫。

【活动过程】

1. 开始部分

（1）整队、师生问好。

（2）老师将小朋友排成四排，用节奏欢快的音乐将小朋友的情绪带动起来。

（3）做健身带动操、准备活动、拉伸。

2. 基本部分

（1）熟悉身体各个部位的名称。

（2）练习基本的手势名称和手的基本位置名称（侧平举、前平举、上举等）。

（3）在体操垫上完成一系列由简单到复杂、由容易到困难的动作。

（4）爬行（正方向爬、后退爬、仰撑爬、匍匐前进等）主要锻炼身体的灵活性、协调能力。

（5）支撑走（仰撑前进、仰撑后退、坐撑前进、坐撑后退等）。

3. 结束部分

课堂常规，整体放松，回班。

铺　路

【活动目标】

1. 能自如地各种走，提高下肢力量。

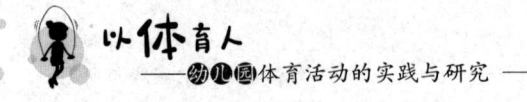

2. 提高身体的灵活性。

3. 会一物多玩，有创造性思维。

【活动准备】

数量为幼儿人数两倍的塑料圈，带节奏的音乐，操场标志线。

【活动过程】

1. 开始部分

老师带领幼儿手持塑料圈做圈操热身，提出活动的规则（如先靠自己搭建，再到大家一起搭桥过河）、要点。

2. 基本部分

（1）每人拿一个圈向目标方向滚动。

（2）每人拿两个圈向目标方向滚动。

（3）通过引入情景（小河），我们需要搭建浮桥才能一步一步地走到河对面（提示幼儿应该怎样搭建自己的桥）。

（4）组成两队各自搭建一座桥让自己的队伍尽快地过河。

3. 结束部分

讲评，鼓励表现优秀的小朋友，提出小朋友应该注意的地方。

跳　圈

【活动目标】

1. 练习双脚立定跳远（距离不少于30厘米）。

2. 能协调做动作，增强腿部力量。

3. 有创造性，能一物多玩。

【活动准备】

1. 圈若干（同幼儿人数相等），小椅子三把。

2. 磁带，录音机。

【活动过程】

1. 开始部分

幼儿随音乐两手握圈开汽车进场，做圈操及活动关节的准备动作。

2. 基本部分：练习立定跳远动作

（1）教师讲解，示范动作。（要领：屈膝摆臂，蹬地起跳，轻轻落地，保持平衡）

（2）教师带领幼儿分步骤练习，重点放在起跳和落地上。

（3）教师带领幼儿集体练习和四散练习，重点纠正个别幼儿动作。

（4）游戏：跳圈接力赛。

教师讲解、示范玩法和游戏规则。

3. 结束部分

（1）圈的一物多玩：教师鼓励幼儿动脑筋玩圈，和别人玩得不一样。

（2）幼儿扛圈随音乐离场。

小小泡沫垫

【设计意图】

泡沫垫是我们身边常用的一种物品。因其独有的特性（方形，容易拼凑，有一定的柔软度等）广受大家喜爱和熟悉，并作为一种生活用品。本活动将运用其特性来作为活动器材，并引导孩子们发挥想象，进行各种体育锻炼。

【活动目标】

1. 发掘出垫子的各种玩法，提高身体能力。
2. 发展创造性思维的能力。
3. 愿意参加体育活动。

【活动准备】

空场地，泡沫垫，音乐。

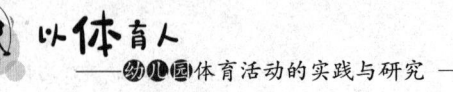

【活动过程】

1. 开始部分

健身韵律操热身。

2. 基本部分

（1）胯下交换垫子走步比赛。旨在发展小朋友身体的协调性，同时也提高小朋友的动作速度和位移速度。分两组进行，每个组再分为两个面对面的队，以相向接力形式，失败的人向获胜的人敬礼。

（2）看谁扔得远（让小朋友利用各种办法使垫子获得最大的位移）。

（3）拼一个大垫子，启发孩子们在上面以各种姿态（姿势）行进（如青蛙跳、猩猩走路、袋鼠跳、匍匐前进、各种滚翻等）。

3. 结束部分

（1）放松运动。

（2）分两组将垫子堆好（看哪一组的小朋友将垫子放得又整齐又快）。

（3）讲评。

（4）活动结束。

开心玩游戏

【设计意图】

在体育活动中我们经常会选择人手一份的材料或器械组织活动，以利于活动的高频率与激发个人创意。但此次活动计划使用一些大型材料，尝试玩一些集体创意游戏，或许对孩子的个体创造性发展没有小型器械效果明显，但在集体活动中只要能合理组织并调整活动，不仅能更好地培养幼儿团结协作、互相帮助的良好品质，而且可以通过分享经验、交流信息，调动幼儿的创造性，同时简单的材料有时也能减少老师对活动的烦琐准备，达到事半功倍的效果。

【活动目标】

1.学会集体玩降落伞，知道它的玩法。

2. 提高身体协调性，能灵敏地躲避障碍物。

3. 培养集体观念，养成团结协作、互相帮助的良好品质。

【活动准备】

降落伞一顶。

【活动过程】

1. 开始部分

（1）简短谈话，引发参与活动的兴趣。

（2）随机玩游戏"谁的大脑最能干"，达到集体活动的效果。

2. 基本部分

（1）猜猜看，引出材料，整合原有经验，激发活动兴趣。

（2）大波浪、小波浪，听口令学习集体协调活动。

（3）水上炸弹，学会控制。

（4）海底探险，学习绕障碍物跑。

（5）大气球，学习合作游戏。

（6）大灰狼来了，能灵敏躲避危险。

3. 结束部分

总结，放松。

快乐岛

【活动目标】

1. 能积极愉快地参与活动，动脑筋想办法。

2. 愿意与同伴合作游戏，体会到合作的愉快。

3. 能与同伴一起站在"岛上"，保持身体平衡。

【活动准备】

口哨一个。

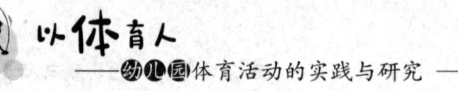

【活动过程】

1. 开始部分

(1) 准备运动

① 教师带领幼儿念儿歌:"我的小海龟,住在龟壳里,饿了——把头伸出来,困了——缩头打瞌睡。"

② 幼儿扮演小海龟,自由做小海龟爬行、游泳等动作。

(2) 热身游戏。

① 教师扮演大鲨鱼,小海龟在场内随意游泳、爬行。

② 当大鲨鱼发出:"我要吃掉小海龟"的信号时,小海龟要迅速自由结伴手拉手(可以两只或更多)。大鲨鱼设法追逐没有找到朋友的小海龟。

③ 引导幼儿通过游戏感受:朋友多,力量大。

2. 基本部分

(1) 教师将操场上的红色方块比作大海里的快乐岛,小海龟围着快乐岛游泳,听到哨声两只小海龟同时游到快乐岛上,并相互拥抱,保持身体的平衡,以脚不离开方块为准。

(2) 教师和幼儿一同游戏,在哨声响后,寻找在快乐岛上没有朋友的小海龟,让海水吞噬掉小岛,让幼儿明白一定要有朋友才能找到快乐岛。

(3) 重复游戏,让幼儿对比"上不了岛的失落"和"上了岛的喜悦",让幼儿自己感受到合作的快乐。

(4) 提高游戏难度,增加游戏的趣味性。请幼儿想办法增加自己岛上的海龟数量,哪个岛上的小海龟最多,哪个岛就是最快乐的,从而突出幼儿之间的合作。

3. 结束部分

(1) 放松活动:模仿划船的动作,想象自己在船上,慢慢划回岸边。

(2) 活动结束。

勇斗怪兽

【设计意图】

在小朋友的生活中，怪兽扮演着一个必不可少的角色，所以对小朋友的吸引力也是大的。通过打怪兽来锻炼幼儿的投掷能力、上肢力量以及反应能力，在逃避怪兽的过程中锻炼幼儿的闪躲、四散跑能力，以及结束时的救人情节，间接增强幼儿的自信心和战胜困难的信心。

【活动目标】

1. 锻炼手臂、手指肌肉力量。

2. 增强空间感，以及闪躲、四散跑的能力。

3. 激发爱心、战胜困难的信心。

【活动准备】

大玩具，软橄榄球若干。

【活动过程】

1. 开始部分

师生问好。

"小朋友们，今天我们要做小勇士，学本领，去打怪兽！"

"打怪兽之前我们要先学一项什么本领呢？……扔炸弹。在学本领之前呢，我们先活动一下啊！"热热身。

准备活动。重点在肩关节、指关节。

2. 基本部分

（1）游戏导入

"学本领了，先看我们的炸弹。"（把软橄榄球分给小朋友，一人一个）

先教小朋友怎么拿球，然后学扔球，注意方向是斜上方。

"怪兽通常是躲在城堡里对吧？看！我们这个地方很像怪兽家的窗户，我们就把炸弹扔到那啊。"（在大玩具上定一个高度，练习打中目标）

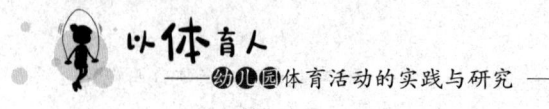

反复几次后进入下一个情景。

"怪兽在城堡里躲着，可能有很多只，我先去看看好不好？如果我等下被怪兽吃了，我就会变成怪兽的哦！那你们到时见到我要怎么样啊？……打——！对，要打！"

"你们只有打死那只怪兽才能把我救回来，你们到时候会不会救我啊？一定要救我哦！"

（2）打怪兽救人

老师上前打探，"啊——"一声后就被怪兽吃了，然后出现在大玩具上，小朋友们拿着炸弹就打！！打！！

怪兽再冲向小朋友，去抓他们，抓公主（两位带班老师）。

"小朋友们，你们一定要保护公主啊，怪兽要抓公主吃哦！"

注意观察幼儿的运动情况，提醒注意安全！

"啊——"怪兽死了，老师被救出，鼓励幼儿。

"我回来了，谢谢你们救了我，谢谢！"

"你们好棒啊！打死了怪兽，又救出了我，谢谢你们，表扬一下自己！"

"快，打扫战场，把所有的炸弹都找回来。"

3. 结束部分

"今天你们好勇敢啊，学会了本领，打死了怪兽，保护了公主还救出了我，真厉害！来，再表扬一下自己，good，good，very good！！"

整理放松，活动结束，师生再见。

我会开车

【活动目标】

1. 能感受音乐中的行进与停止从而控制身体动作。
2. 在游戏的过程中，能相互合作。

【活动准备】

1.《开车歌》音乐。

2. 呼啦圈。

3. 自行车、汽车、火车的牌子。

4. 交通信号灯。

【活动过程】

（1）问幼儿："有谁是坐汽车来幼儿园的？""通常是谁在开车呢？""司机怎么开？""什么时候车子会停下来呢？"请幼儿自由表达自己的想法。

（2）和幼儿讨论：车子遇到红、绿交通灯时，该怎么做。（提示：红灯停、绿灯行）

（3）播放歌曲《开车歌》，请幼儿仔细听，然后讨论：歌曲旋律中的哪个地方像是车子遇到红灯了。

（4）请幼儿坐下来，随着歌曲用双手做开车和等待的动作。

（5）教师出示不同种类的车，幼儿按要求分组，听《开车歌》进行游戏。当看到自行车的牌子时，请幼儿2人一组，1人当司机，1人当乘客；当看到汽车牌子时，请幼儿4人一组，1人当司机，3人当乘客；当看到火车牌子时，请幼儿6人一组，1人当司机，5人当乘客。到老师所画的马路上行走。

（6）让幼儿在玩的同时能够相互交换角色，轮流扮演司机与乘客。

（7）整理放松，活动结束。

开火车

【设计意图】

由于小朋友是第一次进入幼儿园这样一个新的环境，对一切的事物都感到既新鲜又胆怯，为了让小朋友尽快地消除离开父母的担忧，适应幼儿园的环境，我们将设计较为轻松的体育活动（或称为游戏），以达到消除担忧的目的，为接下来小朋友的生活、学习打下好的基础。

【活动目标】

1. 能在集体中一起玩游戏。

2. 能互相配合完成任务。

3. 愿意参加集体活动。

【活动准备】

宽阔的走廊（礼堂前面到大玩具旁边）、拔河绳两根、火车头帽子。

【活动过程】

招呼小朋友围在教师的周围，与小朋友相互问好并再一次相互认识。

宣布要玩的内容："今天我们来'开火车'好不好啊？"

幼儿："好啊！"

教师："我们平常看到的火车是什么样子的啊？"

幼儿："长长的，像蛇一样……"

教师："是不是很整齐啊？像不像一支打了胜仗的队伍？"

幼儿："像！"

教师："那么我们也排列整齐，好打胜仗，好不好？"

幼儿："好！"

把小朋友分成两个小分队，并且都手持拔河绳。"我们看看哪个队伍更像火车。"

带领小朋友开始出发，到了几个地点后停下来。

提问并获得反馈信息。"今天我们都去了哪些地方啊？"

结束部分：

（1）收回拔河绳。

（2）夸奖小朋友表现得好、听话，但是有个别的小朋友以后要多跟着大家一起。

（3）活动结束，回班。

布袋游戏：小白兔采蘑菇

【设计意图】

布袋是在很多的童话故事里面常见的东西，因此小朋友在一定程度上是非常喜欢它的，所以设计此活动。

【活动目标】

1. 能发展弹跳能力。

2. 提高身体的灵活性和快速反应能力。

【活动准备】

室内场地（舞蹈室），布袋，波波球。

【活动过程】

1. 开始部分

集合，不按队排列，让小朋友集中在教师周围，师生问好。

宣布本次活动的内容。

2. 基本部分

（1）小朋友从教师的身边跳到指定的位置，拿到球后跳回来（每次只能拿一个）。

（2）教师在去捡球的路上设一些障碍，小朋友要克服困难才能拿到球。（教师扮演大灰狼，小朋友见到大灰狼只要蹲着不动不出声就可以逃脱。）

（3）找一个小朋友扮演大灰狼，教师和小朋友一起"采蘑菇"。

3. 结束部分

整理放松，活动结束。

平衡木

【活动目标】

1. 能在高低不同的平衡木上做各种动作。

2. 具有一定的平衡能力。

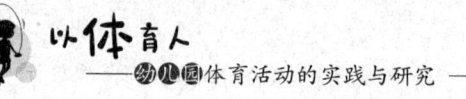

3. 能在游戏中进行身体锻炼。

【活动准备】

平衡木两根,小球若干,海绵垫若干,跨栏、钻圈各两个。

【活动过程】

1. 开始部分

(1)师生问好

(2)准备运动。

2. 基本部分

(1)把小朋友分成男孩女孩两组,在老师的保护下分别走过平衡木,回到自己的队伍后面准备下次再过。

(2)因为平衡木难度不同,所以交换男孩女孩的位置,继续走平衡木。

(3)加大难度,小朋友过了平衡木后踏在海绵垫上经过小河,再跳过跨栏在框里拿到球(每次一个),然后分别从旁边回到队伍后面将球放回篮子准备再过障碍。

(4)交换男孩女孩的位置继续活动。

3. 活动结束

整理放松,活动结束,师生再见。

二、中班体育教学实践活动案例

小马救灾

【活动目标】

1. 提高身体平衡能力、协调能力。

2. 培养勇敢、克服困难的精神。

3. 培养团结协作、互相帮助的意识。

【活动准备】

大玩具,平衡区场地,小球若干,框四个。

【活动过程】

1. 开始部分

（1）师生问好。

（2）准备运动。

教师引导：今天天气很好，小马跟着马爸爸练本领。在教师的带领下，幼儿四散模仿马的动作。

2. 基本部分

（1）练习过障碍，在教师带领下过所有的障碍，再分两组分别过障碍一次。

（2）教师讲解："刚才小信鸽飞来告诉我说：'森林里的小动物有好几天没有粮食吃了，发出了求救信号。'我们当小马运粮食帮助它们好吗？"教师示范将幼儿分成两组（男、女），幼儿越过障碍取到粮食返回放到仓库后，回到队伍里，注意游戏的连贯性，保证幼儿的运动量。

（3）游戏活动应进行3次或以上，并让幼儿通过游戏进行了解与掌握规则。

3. 结束部分

（1）小信鸽飞过来感谢我们，表扬表现好的幼儿，鼓励跑动不够协调的幼儿。

（2）整理放松，师生道别。

运球过障碍

【活动目标】

1. 培养对球的兴趣。
2. 提高钻爬的能力。
3. 喜欢参加体育锻炼。

【活动准备】

地垫、球、积木、钻筒、钻圈。

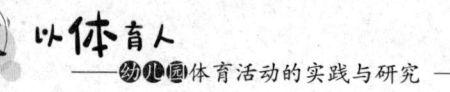

【活动过程】

1. 开始部分

（1）师生问好，组织队形。

（2）带领幼儿做准备运动——慢跑。

2. 基本部分

导入语："今天，老师要带领你们去玩球，你们想去玩吗？但是你们先要过三关，如果你们过了这三关，就可以玩球了，那么你们有没有信心通过？"

第一关：蚂蚁搬豆

教师先讲解方法与规则：把沙包放在自己的背上从地垫上爬过去，看谁的动作快。

教师示范后，组织幼儿一个接着一个玩，并随时强调要求。

教师总结幼儿在游戏中的情况，并告诉幼儿不足之处。

第二关：钻山洞——青蛙跳

教师先讲解方法与规则：幼儿先钻过山洞，再学着小青蛙跳到指定的范围内。看谁的动作最规范，谁就是胜利者。

教师示范后，组织幼儿玩这个游戏，并注意幼儿的安全。

教师总结在玩的过程中所存在的不足之处。

第三关：过桥

教师先讲解方法与规则：把手臂侧平伸直，脚踩着积木往前走。

教师示范后，组织幼儿玩此游戏，并注意幼儿的安全。

教师总结游戏中所存在的不足之处。

总结语："哇！小一班小朋友真厉害！三关全都过了，来表扬一下自己吧！那，现在我会发球给每一个人，你们来说说球可以怎样玩？"

幼儿讨论，教师总结：球有拍、踢、传等很多玩法。

3. 结束部分

教师发球给幼儿，让幼儿随意玩，并组织幼儿做放松练习。

变魔术的椅子

【设计意图】

利用幼儿身边的物品——椅子，作为体育游戏的器材，这对幼儿来讲是再熟悉不过的物品，是生活中接触比较多的生活用具。受社会规范的制约，椅子在生活中已有一种特定的功能，是用来坐的、休息的。但是拿来玩游戏对幼儿来讲是一件非常感兴趣的事情，针对中班幼儿的认知水平，通过尝试能更好地提高幼儿发散性思维的能力。而且在游戏的过程中有一定的难度，这更加激发了幼儿的兴趣和战胜困难的信心。

【活动目标】

1. 发现椅子的各种玩法，会一物多玩。动作灵巧、协调。
2. 发展创造思维，愿意动脑。
3. 激发体育锻炼的兴趣，能在体育游戏中保护自己。

【活动准备】

1. 四脚小幼儿椅子若干。
2. 录音机、磁带。

【活动过程】

1. 开始部分

（1）幼儿进入活动场地后，看见有很多自己平时坐的椅子摆在场地的中央。

教师："小朋友们，你们看！现在大海里面有一条大鲨鱼，在海面上有很多石头，为了不要被大鲨鱼吃掉你该怎么办？"

（2）说完，教师赶快跳上最前面的一张椅子，小朋友也争先恐后地找一张椅子跳上去。

等幼儿全部跳上椅子后。

老师："我们一起来练习本领，等会儿就不怕大鲨鱼了。"

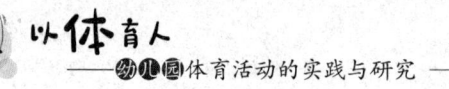

（3）幼儿和教师一起做游泳操，做完游泳操后。

老师："大鲨鱼游走了，我们跳到海里游泳吧。"

（4）幼儿在教师的带领下跳下椅子在场地内绕着椅子做游泳的动作并跑动，提醒幼儿不要互相碰撞和推倒椅子。等到教师喊"大鲨鱼来了"时，赶快跳上椅子。重复游戏步骤。

2. 基本部分

（1）教师："现在，请小朋友帮老师想一想更多玩椅子的方法，看看谁想的方法最多。"

此时，幼儿行动起来，进行尝试活动，个个积极地动脑，有自己想的，有与同伴合作的。他们的神态是那么的投入，他们一心一意地想找出更多的玩法。

（2）教师："刚才，全体小朋友都做了尝试，教师看到有很多小朋友想出了新的玩法，现在，谁想出来了什么玩法？让我们来一起学习这些新的玩法，好吗？"

幼儿纷纷表演他们的新玩法，教师则要求大家一起学习。

玩法一：趴在椅子上学飞机飞，身体伸直，手像飞机翅膀一样分开于体侧。

玩法二：趴在椅子上学火箭飞，身体伸直，手并拢伸直于头上。

玩法三：趴在椅子上学超人飞，身体伸直，手一前一后握拳。

玩法四：坐在椅子上把双脚伸直并拢抬起，越高越好。

玩法五：凳上倒立。

玩法六：在椅子下钻来钻去。

玩法七：背起椅子学乌龟爬。椅子为龟壳。

……

（3）教师请幼儿用自己觉得最好的玩法进行表演。然后让幼儿把椅子分成两部分，随便摆在场地的两边，组成两座石头做成的桥（没有规则地摆放）。让幼儿自由分成两组，在每一座桥前排好队。

教师:"现在海上出现了两座石头做的浮桥,你们要到对岸去,怎么办?海里有鲨鱼哟!"

(4)每个幼儿激动地想很快就走过去,神情十分的投入。教师这时一定要控制在椅子上的人数,不时地鼓励和帮助有需要的幼儿,表扬做得好的幼儿。

(5)请幼儿每人搬一张椅子,找一个位子站在上面。分享小结。

教师:"我们刚才玩了一些椅子的游戏,好不好玩?"

幼儿:"好玩!"

教师:"你们刚才很勇敢,表扬一下自己。以后遇到困难也要这么勇敢,知道吗?"

幼儿:"知道!"

3. 结束部分

进行放松椅子操。教师鼓励幼儿以后想出更多、更好的方法,活动结束。

我爱拍球,我最棒

【活动目标】

1. 会不同方法的拍球以及运球。
2. 提高协作运动的能力。
3. 愿意参加体育锻炼。

【活动准备】

每人一个篮球、雪糕筒。

【活动过程】

1. 开始部分

教师组织幼儿排好队;带领幼儿做准备运动——跑步。

2. 基本部分

导入语:"今天,老师要带领你们去玩球,你们想去玩吗?"

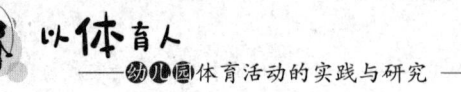

每人一个球，让幼儿用自己的方法拍球和玩球。

（1）用单手拨球，让球跟自己走。

（2）和老师一起来单手拍球。

（3）看看谁可以像老师一样一只手拍一下。

（4）比比谁拍球最厉害，可以边走边拍。

（5）四路纵队，一起来绕障碍运球。

（6）比赛。

3. 结束部分

做放松练习，总结活动情况。

快乐海绵棒

【活动目标】

1. 提高身体综合素质，提高走、跑、投的能力。

2. 培养勇敢、顽强的心理素质，不怕累、不怕苦的良好品质。

3. 能一起分享自己的经验，协作完成任务。

【活动准备】

人手一根海绵棒，空旷的场地。

【活动过程】

1. 开始部分

（1）人手一根海绵棒进场，一起做海绵棒操。

（2）把海绵棒变成小蛇，带小蛇出去游玩（慢跑一圈）。把它变成哈利·波特的扫帚，大家骑上它，起飞（跑一圈）。

（3）"好了，我们把它变成电话，用它和你的同伴聊聊天。"

2. 基本部分

（1）自由活动，创造更多的玩法（如跳绳、风车、金箍棒、标枪、火箭等）。

（2）一起分享、学习。

（3）把它变成锄头一起来挖萝卜比赛（用力往地下抢，发出声音），男孩和女孩比赛。（游戏两次）

（4）打怪兽游戏，教师做怪兽，怪兽用两支黄色的棒就是最厉害的，小朋友就要躲回家；如果是一支就不用怕，可以打败怪兽。（游戏两到三次）

3. 结束部分

（1）放松运动，做洗澡操。

（2）小结。

队列、篮球

【设计意图】

篮球作为一种常见的体育器械（球类玩具），已经深受广大青少年和儿童的喜爱，但是由于缺乏技术和一些相关的知识，导致其不能尽情地玩耍，因此可以把篮球引入幼儿的学习生活当中，引导他们在玩耍中学习，在学习中玩耍。

【活动目标】

1. 知道各种队列口令，并做出相应的动作。
2. 能自如地用双手交换拍球。
3. 对球类活动感兴趣。

【活动准备】

操场或者幼儿的篮球场。篮球数量等于幼儿人数。

【活动过程】

1. 开始部分

师生问好，宣布课堂常规。

（1）讲述立正、稍息、向右看齐的口令，身体的部位和方位名称（前、后、左、右、上、下）。认识篮球，了解有关篮球的基本知识。

（2）给幼儿表演一些玩球的技巧（手指转球、胯下运球）以吸引注意

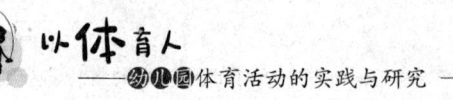

力，激发其好奇心和学习的欲望。

（3）讲解拍球的要点。

2. 基本部分

（1）教授幼儿用右手原地拍球。

（2）运球。看谁又稳又快地将球运到教师指定的位置。

（3）让小朋友用自己的右手教自己的左手。

（4）让小朋友用左手与右手合作拍球。

（5）运球。看谁又稳又快地用双手将球运到老师指定的位置。

（6）分成两队比赛，在不停地运球的基础上抢夺对手的球，在教师规定的时间内看最后哪个队的篮球数量多，用比赛的形式将课堂达到高潮。

3. 结束部分

讲评，表扬幼儿，提出希望。

拍球比多

【活动目标】

1. 能说出游戏名称，知道游戏的方法和要求。

2. 能做出原地连续拍球的基本动作。

3. 能克服困难，勇于参加各种形式的拍球比赛。

【活动准备】

球场一个，小篮球若干。

【活动过程】

1. 开始部分

集合，宣布本次活动教学目标及要求。

2. 基本部分

（1）组织幼儿进行连续拍球练习，重点提示手拍球练习，以及手拍球时击球的部位。

（2）分组游戏时尽可能多分组，以提高游戏练习密度。

（3）选择各组拍球动作好的幼儿进行示范表演。

（4）分组进行连续拍球练习，体会正确的击球点对拍球所起的控制作用。

（5）分组游戏时，先比一比哪一组拍球的动作正确，再比哪一组拍的球多。

（6）仔细观察示范表演幼儿的拍球动作，并与自己的拍球动作进行对比，找出不足。

3. 结束部分

（1）整队、小结、放松，整理器材。

（2）活动结束。

好玩的大花布

【活动目标】

1. 增强手臂力量，能合作运动。

2. 有想象力，愿意集体玩游戏。

3. 能积极参与锻炼。

【活动准备】

口哨一只，大绸布一块，操场。

【活动过程】

1. 气球伞

每个幼儿到大绸布周围间隔适当的距离站好，教师叫每个幼儿抓住绸布站起来，然后同时自下而上举起绸布。当绸布飘举起时，幼儿迅速跑到中间，手臂向上举起来，让绸布在空中形成一个飘动的气球伞。当气球伞落下时幼儿往后退到原来的位置，把绸布拉平。

待多玩几次后，可设法使气球伞旋转，当气球伞飘起后，幼儿向上举起手臂并顺时针奔跑使气球伞旋转。

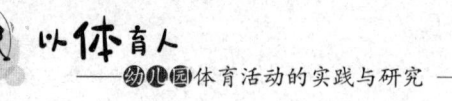

2. 翻浪

当幼儿同时自下而上挥动绸布飘起时，指定一些幼儿抓住绸布从绸布下跑过，其他幼儿不动，然后再拉平绸布，交替进行，绸布形成翻滚的"海浪"。

3. 踏浪

一部分幼儿抓住绸布蹲下抖动绸布，让它变成"海浪"，另外一些小孩从绸布上"踏浪"经过，游戏交替进行。

活动结束，师生道别。

地球树林与花草

【活动目标】

1. 能听信号走和跑，动作灵敏。

2. 增强环保意识。

3. 对参加体育锻炼有兴趣。

【活动准备】

口哨，垃圾，操场。

【活动过程】

1. 开始部分

（1）师生相互问好。

（2）教师启发。

教师："今天老师要问你们几个问题，看看哪些小朋友最聪明，我们生活在哪个天体上，是在太阳、月亮、星星上还是地球上？"

"地——球！""那我们离开了地球能不能生活呢？""不能！""对了，那我们就要热爱地球，保护地球，我们怎么保护地球呢？——我们要把它打扫干净，不乱扔果皮纸屑，还要美化它，给它种上树木花草！""好！那我们现在就变成'环境小卫士'保护环境好不好？那我现在要看看小卫士厉不厉害，聪不聪明！遵不遵守纪律！（教师带领小朋友热身，注意不讲话、用鼻子呼气！）现在考验你们的体能，慢跑三圈然后慢走，并集中注意力听教师的口令，看谁的小耳朵最听话（往后跑！转个圈！后退跑！交叉跑！蹲下！停住！）我们的小卫士都很厉害，那我们就开始游戏吧！游戏的名字叫'地球，树林与花草'"。

2. 基本部分

游戏"地球，树林与花草"。教师讲解：把小朋友分成三组，可以自己选择，适当调节。让小朋友记住自己的角色。教师扮演旅游的人，游戏开始，跟教师去巡逻（可以开飞机、轮船、摩托车去巡逻！）。"我们要看看哪里需要保护，哪里需要打扫！"小朋友开始在场地上自由地走和跑。（大垃圾虫出现，它到处乱扔垃圾！很可恶！我们要把它打跑）当教师发出第一声哨响时，做'地球'的小朋友马上到教师指定的位置围一个圈，手拉手站好，表示地球；第二声哨响时，做'树林'的小朋友马上跑到圆圈中间站立并双手上举，表示树林，做'花草'的小朋友也要跑到圆圈里蹲下并将双手五指分开放在头顶上，表示花草。如果做花草树林的小朋友没有及时进入圆圈里，就算被拦在'地球'外了，停止游戏一次！

游戏继续进行，当多名小朋友被拦在"地球"外面后，交换角色，重新游戏。

3. 结束部分

教师讲评，表扬在游戏活动中积极性高、动作灵敏、有进步的幼儿，鼓励后进的幼儿。师生相互道别，活动结束。

蚂蚁搬家

【活动目标】

1. 增强上肢力量。
2. 有解决问题的能力。
3. 培养吃苦耐劳的品质和团结协作的精神，增强团队意识。

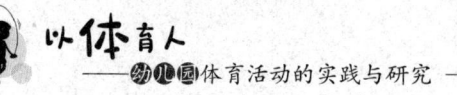

【活动重难点】

重点：搬运过程。

难点：规则的执行。

【活动准备】

操场，篮球若干。

【活动过程】

1. 开始部分

（1）带领幼儿做模仿（蚂蚁）操和健身操。

（2）宣布本次活动的内容，将幼儿引入情景。

（3）讲解基本方法，游戏规则。

2. 基本部分

（1）"小蚂蚁横空出世"。

（2）寻找食物。

（3）找到食物，把它搬回家，过程中遇到重重困难。

（4）将食物搬回家后庆祝丰收的喜悦。

3. 结束部分

（1）放松活动。

（2）表扬所有的幼儿。

（3）提出需要改进的地方，希望幼儿以后做得更好。

（4）活动结束。

我是滑稽人

【设计意图】

学习玩塑圈，是中班幼儿所喜欢的体育活动之一。怎样根据幼儿身体动作的发展水平，在玩圈的技能和方法上给予幼儿更多的运动经验，激起他们继续玩圈的兴趣，并发挥塑圈一物多玩的功能，是设计本项体育活动的重点。

【活动目标】

1. 发展走、跳的能力。

2. 愿意参加体育锻炼，对运动有兴趣。

【活动准备】

1. 看滑稽人的表演，了解滑稽人的特征。

2. 塑圈若干、彩色纸帽和纸鼻子若干放在椅子上。

【活动过程】

1. 扮演角色，活动身体

教师启发："小朋友看过杂技表演，故事里面有个滑稽人走路，有趣极了。今天你们就来做小滑稽人，老师做大滑稽人，我们一起来玩好吗？"

幼儿在教师的指导下，进行各种玩塑圈的准备动作。

（1）听音乐，幼儿手拿塑圈，跟着教师做圈操。

（2）幼儿想出多种玩圈的方法（滚圈、跳圈、带圈走、转圈、踏圈走、套圈等），并亲自尝试，教师进行个别指导。

（3）教师仔细观察、随机指导，邀请幼儿上来展示各种玩圈的方法，互相启发交流。

2. 难点练习，重点指导

（1）教师提示："小滑稽人玩圈的办法真多，我们请他们来表演一下。"教师请出1~2位幼儿表演玩圈的方法。

（2）教师引导："大滑稽人也想来表演一个很好的玩圈方法给你们看。"

教师示范：把塑圈套至膝盖，两腿分开撑住圈，不让其掉下来，在场地上自由地走、跳。

（3）教师引导："现在小滑稽人跟着大滑稽人一起来玩。"全体幼儿在教师的带领下一起玩膝盖上套着圈快速向前走、跳的游戏。（注意对膝盖套圈困难的个别儿童进行指导）

（4）分成几队，任意做一个滑稽动作，带着圈快速向前走。到终点后，拿一顶帽子戴头上，往回走，把帽子交至第二个人，第二个人把帽子戴头上，往前走，拿第二顶帽子戴上。幼儿头上的帽子越来越多，如此直至最后一位幼儿。

（5）幼儿也可选择贴鼻子的游戏。教师提醒：以速度最快，表情与动作最滑稽和鼻子不掉下来者为胜。

3. 结束游戏，放松身体

游戏结束，幼儿跟着教师膝盖套圈模仿蛇行走回教室。

贴膏药

【设计意图】

贴膏药，即贴人。活动涉及追逐跑、反应，这对幼儿的灵活性、动作协调性有很大的锻炼。活动在一定程度上对幼儿的临场反应和及时的身体调整有很大的锻炼。

【活动目标】

1. 能认定目标并全力追逐，锻炼闪躲、变向跑的能力。
2. 对现实情况能做出反应，及时调整自己。

【活动准备】

开阔平坦的场地一个。

【活动过程】

1. 开始部分

（1）幼儿站成三路纵队，师生问好。

（2）幼儿做"跟我走"游戏，一个接一个地听信号走。一起走成一条直线，转身走，再围成一个圈，然后做热身操。

2. 基本部分

活动开始时随机选两人在特定区域内进行追逐，另外的人每两个或三个一起围成一个圈，此圈为特定区域，当被追的一方贴在圈内任何一个人身前时，被贴那组的最后一个人则要跑开，追逐方只要与被追逐者有任何的身体接触，双方即角色互换，依次往下循环。

"好，今天我们玩贴膏药的游戏。两个人前后站立为一组，围成一个圈。"

"我请两个小朋友出来，一个跑，一个追，如果跑的小朋友贴在任何一队前面，那一队的最后一个小朋友就要接着跑了。如果被追到则要反过来，你们开动脑筋，怎样让小朋友抓不到你？"

教师先示范，然后参与到游戏中。注意幼儿跑步的速度，提醒他们注意安全。

看幼儿活动情况，控制好运动量。

3. 结束部分

（1）幼儿散开，做放松操，让幼儿闭眼心里默数5个数。

（2）活动结束，师生再见。

玩轮胎

【活动目标】

1. 能有创意地玩轮胎，发展上肢力量。
2. 享受玩轮胎游戏的乐趣，发展动作的协调性和灵活性。

【活动准备】

轮胎若干，音乐，场地的摆放，口哨。

【活动过程】

1. 开始部分

幼儿跟着教师随音乐绕轮胎做"S"形跑、跳等动作进入活动场内，并向教师打招呼。幼儿分组站在轮胎里，在教师的带领下活动肩部、头部、双腿、胳膊等部位（在做的过程中两组轮换）。

2. 基本部分

（1）导入："小朋友们看，老师今天给你们带来了什么好玩的？你们以前玩过吗？下面，老师给小朋友两分钟时间，小朋友自己自由地玩轮

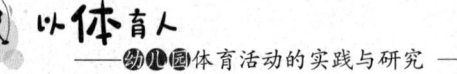

胎，玩的时候一定要注意安全（幼儿自由寻找和发现玩轮胎的方法）。"

（2）平衡练习：用轮胎摆桥（两组比赛）。

（3）钻爬练习：用轮胎摆成山洞（两组比赛）。

（4）滚动练习："过完了小桥，现在老师请小朋友们用最简单、最省力的方法把轮胎运到老师的身边来。一定要注意方法和安全，不要让你的轮胎砸到其他的小朋友或想办法两个人组合运过来。"

（5）翻滚练习："小朋友们，你们会翻跟头吗？今天老师教你们怎样让轮胎翻跟头。"

（6）搬运练习及翻越练习："刚才轮胎宝宝告诉我它们累了，想休息一下，请小朋友们把它们搬在一起，看看谁是大力士。""现在轮胎被我们堆成了小山，我们来玩爬轮胎山的游戏，从山的这边爬到山的那边，一个一个来，不能推拉别人。"

3. 结束部分

幼儿坐在轮胎上进行相互捶腿、捏肩等放松活动。活动延伸：请幼儿自由讨论"除了老师今天教你们玩的方法外轮胎还有什么玩法？"。

小兔跳跳跳

【活动目标】

1. 练习双腿夹物跳的动作，发展腿部力量。

2. 对体育活动有兴趣，体验游戏带来的快乐。

【活动准备】

兔子、呼啦圈、大灰狼头饰、音乐磁带（《三只熊》《海西跷跷板》《月光曲》）。

【活动过程】

1. 开始部分

教师："小兔子们好，今天兔妈妈要带你们去森林里做游戏、学本领高兴吗？但森林里可能会有大灰狼，所以请兔儿们一定要排好队伍，一个一个跟着兔妈妈。来，我们竖起小耳朵，动身啦……（做兔跳进活动室）"

2. 基本部分

学习动作"夹物跳"。过渡语："这儿真美，我们坐下来休息一下吧。"

（1）说说大家刚才是怎么跳的？

（2）（出示毛绒玩具）看！兔妈妈给你们带来了什么？都有谁？毛绒玩具想和小兔子们玩"跳跳跳"的游戏，说说怎么带着毛绒玩具"跳跳跳"呢？（幼儿自由表达）

（3）交代要求，集体练习"夹物跳"。（教师参与）

（4）第二次集体练习"夹物跳"，要求夹紧"毛绒玩具"，当听到"大灰狼来啦"，两人一组迅速地跑到"呼啦圈"内站好。

（5）游戏：教师介绍游戏"小兔跳跳跳"的玩法，幼儿游戏1~2次，教师讲评。

3. 结束部分

放松运动，互相敲敲腿、捶捶背、揉揉肩。

蛙跳追捕

【活动目标】

1. 建立独立自主、耐心专注的良好品质。

2. 提高弹跳力、耐力，动作灵活协调。

【活动准备】

呼啦圈四个，音乐。

【活动过程】

1. 开始部分

（1）师生问好。

（2）营造氛围。

教师引导："小朋友还记不记得小青蛙的游戏?小朋友知不知道小青

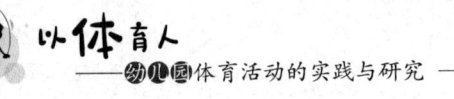

蛙最怕什么？（引出蛇来）"

2. 基本部分

游戏一："青蛙赛跑"

方法：小朋友呈四路纵队游戏，以青蛙跳为比赛形式，比一比看哪只小青蛙是跳得最快的、最棒的。比赛以四人一组进行，距离8~10米。

游戏二："勇敢小青蛙"

小朋友继续以四路纵队游戏，每四人一组。（在对面8~10米处放一个呼啦圈作为青蛙的家）

方法：小青蛙比赛吃虫子，大青蛙说"1"小青蛙就往前跳一下，说"2"就跳两下，以此类推。小青蛙听大青蛙口令吃虫子，听到大青蛙说"蛇来了"小青蛙就迅速回到呼啦圈里。比比看哪个小青蛙最先回家。

游戏三："小动物找家"

方法：每一组代表一种动物，前方放四个呼啦圈，每个呼啦圈代表一种动物的家，当老师说到什么动物的时候，该动物就用动物的方式跳到它的家里。

3. 结束部分

（1）放松：跟着音乐做舒缓的动作。

（2）师生再见。

三、大班体育教学实践活动案例

长江与黄河

【活动目标】

1. 发展追逐跑的能力。

2. 锻炼反应能力，听口令后快速起跑。

【活动准备】

哨子一个、粉笔若干。

【活动过程】

1. 开始部分

（1）师生相互问好。

（2）准备活动：教师带领小朋友热身，慢跑三圈然后慢走并集中注意力听老师的口令，看谁的小耳朵最听话。"往后跑！转个圈！后退跑！交叉跑！蹲下！停住！站成两路纵队，男孩子一队女孩子一队。站到画好线的地方不踩线！"

2. 基本部分

（1）教师指令发完后一队追另一队，被追者跑过安全线算胜，没有追到小朋友的算失败。失败者将胜者背回起点重新开始游戏，在追的过程中不要推拉，拍到即算抓到。

（2）两次游戏后加大难度，将两队分别叫作黄河队、长江队，当老师喊道："长——江！"长江队就要追黄河队。当喊道："黄——河！"黄河队就要追长江队。

（3）规则同上，几次游戏后换成喊谁谁就跑，另一队追。

3. 结束部分

讲评游戏，表扬活动中表现好的小朋友，鼓励表现不足的小朋友，期待他们下次做得更好。

师生道别。

龟兔赛跑

【活动目标】

1. 熟练掌握单脚跳的动作，平衡和协调能力得到提高。
2. 体会合作游戏的快乐。
3. 发展创造性及扩散性思维。

【活动准备】

1. 装饰过的自行车轮胎每人一个。（有大小）

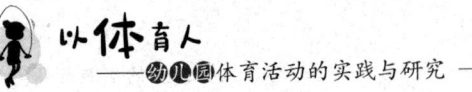

2. 小兔和小乌龟头饰各半。（根据总人数）

3. 两棵大树，蘑菇若干。（立体）

4. 活动前听《龟兔赛跑》的故事。

【活动过程】

1. 开始部分

模仿各种车律动进场。

（1）幼儿一个跟着一个，用轮胎开火车进入活动场地。

（2）自编轮胎操。

2. 基本部分

（1）通过轮胎练习单脚跳跃。

① 通过故事《龟兔赛跑》激发幼儿练习单脚跳的兴趣。

② 让幼儿自由探索用轮胎单脚跳的方法，请做得好的幼儿示范。

③ 教师小结。

④ 练习行进单脚跳。

（2）练习模仿乌龟肩挎轮胎、手脚着地爬，并探索手脚协调快速爬的方法。

① 幼儿尝试、讨论，总结出背龟壳的方法。

② 教师小结。

（3）游戏"龟兔赛跑"。

① 根据意愿选择游戏角色。

② 讲解游戏规则。

③ 游戏两次后交换角色，鼓励、表扬在游戏中坚持到底的幼儿。

（4）其他好玩的轮胎游戏。

3. 结束部分

放松整理，师生再见。

救小羊

【活动目标】

1. 练习平衡、钻、爬等基本动作。

2. 培养团结友爱的精神。

3. 体验与同伴一起玩的乐趣。

【活动准备】

垫子三块,椅子两把,橡皮筋两根,响铃四个(每条橡皮筋两个),组成"山洞";布条三根,平衡木若干,轮胎两个,组成三座不同水平的"独木桥";椅子十二张(两张椅子背靠背,一组三张,一组四张,一组五张),组成不同水平的"小山"。

【活动过程】

1. 开始部分

教师启发:"山上的小羊很多,它们常常迷路,请小朋友去帮助它们,让我们先练练本领。"教师与幼儿一起做伸展、踢腿、体转、跳跃等动作;与幼儿一起开小飞机。

2. 基本部分

(1)练本领。

场地上分三个区域:"山洞区"(垫子上拉橡皮筋),"独木桥区域"(三根布条),"小山区域"(两张小椅子背靠背)。教师请2至3名能力较强的幼儿在三个区域进行演示,教师表扬。请幼儿钻过山洞,走过独木桥,翻过小山,让幼儿自由选择区域活动。要求幼儿到每个区域去活动,活动时不能相互碰撞。教师调整各区域的人数并巡回指导。

(2)游戏:救小羊。

教师:"羊妈妈打电话告诉我,它的小羊迷路了,我们快去救小羊,好吗?"一半幼儿扮演迷路的小羊,分散在椅子后面,另一半幼儿出发营救。(配班老师带小羊到相应的位置等着)

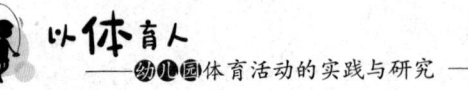

去营救的幼儿排成两列横队钻过山洞，走过独木桥，翻过小山，同迷路小羊一对一地从场地一侧走回"家"。

（3）两组互换角色，进行游戏。游戏可进行多次。

3. 结束部分

小羊都被救回来了，大家都很高兴。表扬玩得较好的幼儿，请幼儿帮助教师收拾器械，活动结束。

射门大战

【设计意图】

足球作为一种常见的体育器械（球类玩具），已经深受广大青少年和儿童的喜爱，但是由于缺乏技术和一些相关的知识，导致其不能尽情地玩耍，因此可以把足球引入小朋友的学习生活当中，引导他们在玩耍中学习，在学习中玩耍。

【活动目标】

1. 熟悉立正、稍息、向右看齐的口令。

2. 熟悉身体的部位（胸、背、腹）和方位名称（上、下、左、右、前、后）。

3. 了解有关足球的基本知识。

【活动准备】

1. 操场或者礼堂。

2. 足球数量同幼儿人数。

【活动过程】

1. 开始部分

（1）师生问好，宣布课堂常规。

（2）给幼儿表演一些玩球的技巧（大腿颠球等）以吸引注意力，激发好奇心和学习的欲望。

（3）讲解玩球的要点。

2. 基本部分

（1）让幼儿复习用脚原地控制球，用脚的不同部位控球。

（2）复习运球。

（3）运球。看谁又稳又快地将球运到老师指定的位置。

（4）教授射门。

（5）分成两队，比赛射门，用比赛的形式将课堂引向高潮。

（6）讲评，表扬幼儿，提出希望。

3. 结束部分

整理，放松，活动结束。

小白兔与大灰狼——沙袋投掷

【设计意图】

投掷对于提高幼儿身体素质来说是个重要的体育活动，但是他们不一定喜欢单纯的投掷。于是我们考虑到运用"限制法"来进行教学，想办法让其非常乐意地接受这方面的锻炼，这就要将它与游戏结合。因此便产生了"打仗"这一小朋友都喜欢的活动形式。

【活动目标】

1. 发展上肢力量和提高"目标投掷"的准确性，培养幼儿对投掷的兴趣。

2. 培养坚强的意志和机智勇敢、果断灵活的人格。

3. 培养团结互助的团队精神，从小养成合作习惯和意识。

【活动准备】

大玩具——"城堡"（或者高台）一座，橄榄球（或者按摩球、沙袋等）。

【活动过程】

1. 开始部分

（1）整队集合。

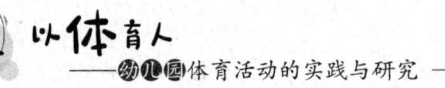

（2）师生问好，宣布课堂常规。

（3）宣布本次活动的内容，讲解应该注意的事项。

（4）讲解将要玩的游戏方式和规则，并且将小朋友带入情景。

2. 基本部分

（1）练兵。（热身，包括：跟着音乐跳健身操、压腿、活动全身。）

（2）开始游戏，老师站在城堡上面，叫"开始！"然后小朋友们就开始相向扔"炸弹"炸对方。

（3）暂停游戏，指出犯规的小朋友。让小朋友增强规则意识并且做到遵守规则。

（4）继续游戏，借助大玩具的"复杂地形"，产生更多乐趣。

（5）宣布游戏结束，进行心理放松，使小朋友恢复平静。

3. 结束部分

（1）讲评课堂上表现积极的方面和消极的方面，提出希望。

（2）询问小朋友的感受及下次活动的意向，活动结束。

跳跳球

【活动目标】

1. 通过跳跳球增强动态平衡能力、协调能力、下肢肌肉力量等方面的身体素质。

2. 通过锻炼，培养良好的学习、钻研的能力。

3. 项目的特殊性培养团结协作精神和敢于拼搏的精神。

【活动准备】

跳跳球若干。

【活动过程】

1. 开始部分

（1）有氧健身操。

（2）老师讲解球的结构和功能，讲解要点以及注意事项，再让幼儿了解跳跳球的各种物理特性。

2. 基本部分

（1）老师示范怎么玩球，发球给幼儿。

（2）在老师的带领下，小朋友相互帮助地轮换着感受跳跳球带来的惊险刺激的感觉，初步了解球的特性。

（3）自由玩球，在老师的监护下，小朋友按照自己所理解的方法去学习、练习、摸索。

（4）集体汇报，老师检查练习情况，引导出技巧、经验，表扬开动脑筋的小朋友，并把好的方法分享给大家。

（5）尝试新的方法，再在相互保护、帮助的基础上练习。

（6）集体汇报，检查练习情况。

3. 结束部分

（1）表扬所有的小朋友，尤其是开动脑筋的小朋友。

（2）总结并分享经验，让大家以后多去尝试。

（3）活动结束。

轮胎游戏

【设计意图】

轮胎作为一种运动器械，功能非常丰富，可以推滚、拖拉、排列、堆高等，能促进幼儿走、跑、跳等基本动作的发展，使臂力、腰力、腿力等获得锻炼。因此，幼儿园设计组织了这次体育活动，并结合当前创造教育的主流，将发展幼儿的想象力、创造力作为一个重要的活动目标。同时尽可能多地为幼儿提供思考、尝试、创新的机会，不断拓展幼儿的想象空间和创造空间，提高智力水平，最大限度地体现体育活动"育体"和"育智"的双重功能。

【活动目标】

1. 尝试用轮胎进行多种活动，发展想象力、创造力。

2.锻炼臂力、腰力和发展各种基本动作，体验合作活动的乐趣。

【活动准备】

操场，轮胎若干。

【活动过程】

1. 开始部分

老师提问："小朋友们，你们在电视上有没有看见过哪些车呢？"

小朋友回答："有！"

"今天邓老师要带领大家去玩一种叫作'多功能步兵车'的战斗车游戏。小朋友们要不要保卫祖国啊？"

"要！"

"那么我们今天就好好锻炼身体，明天保卫祖国。"

2. 基本部分

教师带领幼儿用轮胎做一些简单的游戏，激发幼儿参与活动的兴趣。

（1）"开汽车"游戏

教师："小朋友，今天我们要开着战车出去玩，好不好？"

幼儿："好！"

教师带领练习开车的技能，前进、后退、左转、右转、停止等。

（2）"修城墙"游戏

教师："如果我们遇到敌人了应该怎么办呢？"

幼儿议论纷纷。

教师："我们是不是可以修一道墙来做掩护呢？"

幼儿："是！"

教师："我们齐心协力来修一堵坚实的城墙好不好？"

幼儿："好！"

教师："好，我们现在修好城墙了，只有我们能打敌人，敌人打不到我们了，大家辛苦了，我们先回去休息好不好？"

3. 结束部分

（1）表扬孩子的勇敢顽强、认真刻苦。

（2）提出希望。

（3）活动结束，回班。

彩色绳圈

【设计意图】

在自由活动中，教师看到班里两个小朋友用跳绳在玩"翻绳"的游戏，玩得不亦乐乎。教师灵机一动，何不利用孩子们的好奇心，就用绳圈来组织本节活动。可是仅用绳圈组织活动，孩子们可能不感兴趣，于是就在这节活动中加入了游戏的内容，以竞赛的形式来激发孩子们对体育活动的兴趣。

【活动目标】

1. 复习听信号、看手势，进行队形队列练习，提高身体控制能力。

2. 会一物多玩的游戏，能有丰富的创造想象力及动作的协调能力。

3. 对体育活动有兴趣。

【活动重难点】

重点：幼儿能创造性地进行一物多玩。

难点：教幼儿掌握跳的动作要领。

【活动准备】

1. 口哨一只。

2. 红、绿、黄绳圈若干。（与幼儿人数相等）

3. 挂图一幅，红五角星若干。

【活动过程】

1. 开始部分

（1）组织幼儿进行队形队列练习。

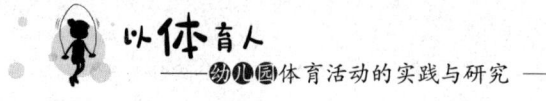

原地踏步走—两队交换—左、右平移—两队并一队—向前靠拢—一个大圆走、跑—七路纵队。

（2）听音乐做圈操。

2. 基本部分

（1）引导幼儿用绳圈进行自由活动，教师观察幼儿活动情况。

（2）将幼儿根据绳圈的颜色分成三队，以竞赛得分的形式展开活动。

① 玩法：请幼儿说出各自绳圈的玩法，根据颜色给相应的队加五角星，最后五角星多的队为胜。

② 在竞赛过程中，对提出新颖玩法的幼儿给予表扬，并组织其他幼儿练习。

③ 重点引导幼儿运用绳圈进行跳远活动，指导幼儿跳的动作。

（3）幼儿自由玩圈，可以尝试别的小朋友的玩法。

（4）游戏：捉尾巴。

规则：将绳圈塞在裤子后面当作尾巴，幼儿自己找朋友进行游戏。教师注意游戏的安全。

3. 结束部分

（1）表扬孩子的勇敢顽强、认真刻苦。

（2）提出希望。

（3）活动结束，回班。

蚂蚁搬家

【设计意图】

一次户外活动时，幼儿关注在地上爬行的蚂蚁。在大雨之前，幼儿惊喜地发现成群结队的蚂蚁，一个个都十分惊奇地观察着忙忙碌碌的蚂蚁，有的幼儿看到很多只蚂蚁合作搬运一块食物困难前行时，甚至主动帮蚂蚁将食物送到蚂蚁的洞口。孩子们的热情，激发我设计了本节活动。经过此次活动，培养幼儿爱劳动的好习惯和克服困难、团结合作的精神，并让幼儿初步了解"蚂蚁下雨搬家"的自然现象。

【活动目标】

1. 学习爬行动作，提高身体的协调能力。

2. 培养合作意识。

3. 热爱劳动并能克服困难。

【活动准备】

蚂蚁头饰若干、呼啦圈若干、垫子两个、大小沙包若干、纸箱两个。

【活动过程】

1. 开始部分

"小朋友们，天快要下雨了，我们快来搬家吧。"蚂蚁妈妈带着小蚂蚁一个跟着一个钻出洞口，爬过蚂蚁路（手、脚着地）。一个跟着一个钻进另一个洞口，进入新家，来回进行几次。

2. 基本部分

小蚂蚁们开始搬家了。让小朋友带上头饰扮成小蚂蚁把食物运回家。小朋友分成两路纵队，要爬过呼啦圈，越过布垫，把小沙包投进纸箱，然后回到起点，投沙包最多的队获胜。

蚂蚁妈妈发现有一大块食物，可是一只蚂蚁搬不动，怎么办呢？启发小朋友说出两只小蚂蚁合作完成。

游戏再次开始。

两只小蚂蚁合作爬过呼啦圈，越过布垫，把大沙包投进纸箱，投沙包最多的队获胜。在爬行的过程中，提醒幼儿进行自我保护。

3. 结束活动

"今天小蚂蚁都很累了，我们互相拍拍身体，放松一下吧。"表扬幼儿的勇敢精神，让幼儿分享体验挑战带来的欢乐。

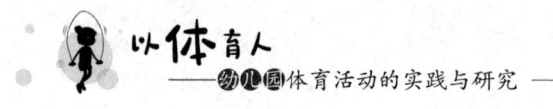

爱护小树

【活动目标】

1. 听信号迅速反应,动作灵敏、协调。

2. 体验游戏的欢乐,有团队精神。

3. 树立环保意识。

【活动准备】

1. 制作小树一棵。

2. 布置场地。

【活动过程】

1. 开始部分

做预备运动。

教师:"小朋友们,过会儿我们要玩一个游戏,现在大家跟着我活动一下身体,等下才能表现得更好。小鸟飞,飞啊飞,拍拍翅膀飞啊飞(上肢运动)。小鸭走,走啊走,摇摇摆摆走啊走(下蹲运动)。小象走,走啊走,甩甩鼻子走啊走(俯背运动)。小马跑,跑啊跑,嗒嗒嗒嗒跑啊跑(跳跃运动)。"

2. 基本部分

出示小树,引出游戏。教师:"小朋友,你们看看这是什么?""小树!""哪个小朋友能告诉老师和其他小朋友,树有什么好处?""能乘凉、小鸟能够住在树上……""所以我们应当保护小树。今天我们玩的游戏就和小树有关。游戏的名字叫'爱护小树'。在我们旁边,地上画了个什么图形?""圆圈!""小朋友们先拉好小手,站在线上,围成一个大圆圈。"

教师交代游戏规则。

老师把小树放在圆圈的中间,因为风太大,小树快被吹倒了。所以老师先请一位小朋友站在圆圈内用手扶着小树。圈上的小朋友就要手拉手边走边念："小树，小树，我们都爱护。"这时，扶树的小朋友能够随便叫一个小朋友的名字，比如："××，请你来护树。1、2、3！"说完就松开手，被叫到的小朋友就要立刻跑上去扶住小树，两人交换位置。教师要看看，哪个小朋友反应最快。

教师提要求：①扶树的小朋友叫名字时，声音要洪亮清楚，让大家都听得见。②扶树的小朋友要在数完"1、2、3"后才能松开小树。③圈上的小朋友不能推挤。

开始游戏。教师与幼儿一起游戏，在游戏中对呈现的问题进行提醒，让幼儿更清楚游戏的规则。

分组进行游戏。幼儿人数较多，可让幼儿分组游戏，使幼儿人人都有参与的机会。

3. 结束部分

教师对活动情景进行评价。

青蛙捉害虫

【活动准备】

呼啦圈人手一个、害虫玩具两只、音乐（甩葱歌）。

【活动目标】

1. 锻炼双脚跳跃能力。

2. 体验劳动后的欢乐，喜欢上劳动。

【活动重难点】

重点：双脚跳跃、落地要轻。

难点：掌握跳跃的方法及动作要领。

【活动过程】

1. 开始部分

（1）队列队形练习。

（2）随音乐做热身活动（呼啦圈）。

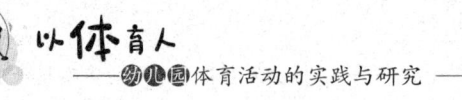

（3）探索呼啦圈的玩法。

两人一组，思考呼啦圈能够怎样玩（幼儿探索跳法）。四人一组，还能怎样玩（幼儿探索跳法）。

总结：小朋友都有不一样的玩法。

2. 基本部分

（1）教师：魔术导入（毛巾穿越），"其实老师是一个魔术师，此刻请小朋友学老师说话，学老师做动作看谁学得快、做得好。"

手叉腰、点点头、摇一摇、转一个圈、再转一个圈。

甩甩手、摆一摆、跳一跳（看谁跳得高）、转一个圈、再转一个圈。小手放在屁股上、扭一扭、转一个圈、再转一个圈。双手放在膝盖上、蹲一蹲、再蹲一蹲，双脚开立手摸地。"超级魔术变变变，小朋友此刻看看你们都变成什么了？"教师说"小小青蛙"，小朋友说"呱"。

（2）接下来请求小朋友拿着呼啦圈学习青蛙跳，看看幼儿能够怎样玩。

总结：小朋友要记住双脚跳跃，落地要轻。

（3）游戏"青蛙捕捉害虫"。

"刚才已经把大家变成青蛙了，你们也学习了跳跃的本领。接下来我要带青蛙去捕捉害虫，你们准备好了吗？"（游戏两遍）（将呼啦圈分两组各摆放七个，呼啦圈之间的距离为80厘米，且每组前面各放一只害虫。幼儿分成两队跳过去之后再拿呼啦圈套害虫。）

3. 结束部分

整理场地，结束。

放松游戏：我是机器人。

好玩的绳子

【活动目标】

1.能探索绳子的多种玩法，掌握跳绳的基本技能。

2. 体验创造性跳绳的乐趣，有合作意识。

【活动准备】

长绳子一根，短绳若干。

【活动过程】

（1）教师带领幼儿做热身运动。

（2）听教师口令练习跳跃及上肢动作。教师跳、跳、跳，幼儿跟着教师跳、跳、跳，原地跳跃。

教师问："还能够怎样跳？"

引导幼儿向前跳、向后跳、向上跳、蹲跳、向左跳、向右跳、单双脚跳。

（3）教师带领幼儿进行上肢绕绕臂活动，幼儿跟着教师绕绕臂。教师问"还可怎样绕"引导幼儿向前饶、向后绕、单双手绕、举起手臂绕等，发展幼儿动作的灵活性。

（4）引导幼儿探索跳绳的多种玩法。

① 单人双脚跳。幼儿两人或三人一组，有人单脚跳绳，其他人跟着节奏数数，看一看谁跳得多。

② 双人双脚跳。两人一根绳子，幼儿面对面，两人同时双脚一起跳，跳得多者为胜。

③ 幼儿自由结伴。两人、三人或多人合作探索跳绳的玩法。长绳一根，两名幼儿在两头摇动绳子，其他幼儿2~3人一齐跳。看谁跳得多，多者为胜。

④ 请幼儿相互交流合作玩游戏的方法。

活动结束：随着教师做整理运动。

球了个球

【设计意图】

"一物多玩"中"物"和"玩"是两个关键词。在一物多玩的活动中既离不开"物"也离不开"玩"。为了让幼儿在活动中都能够有所提高，

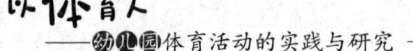

所以根据幼儿的实际状况选取许多以"球"为主体物的游戏，引导幼儿探索新颖的玩法。幼儿从小班开始就有滚球、拍球等技能，到了大班如果还是重复这些他们已经掌握的技能，对孩子们来说还会有兴趣吗？所以在引导孩子们动脑筋"一球多玩"的基础上，结合球，让孩子们理解全新的挑战。通过本节课让幼儿学习更多的玩法，并且提高幼儿在游戏中的相互合作潜力，能够根据游戏规则进行游戏。

【活动目标】

1. 愿意参与体育锻炼。
2. 会一物多玩皮球，掌握多种游戏的玩法。
3. 提高合作能力和身体协调性。

【活动准备】

皮球二十四个、报纸十五张、球筐八个、绳子八根、呼啦圈八个、易拉罐十五个、球杆、球门、音乐。预设玩法：你抛我接、夹球跳、头顶传球。

辅助材料：报纸、易拉罐、球门、球杆、呼啦圈。

【活动过程】

1. 准备部分

（1）队列队形展示。（两队变两圆、太阳、爱心、变四圆、变四队）

（2）热身活动。

（3）"小朋友你们都喜欢玩皮球吗？那谁能说一说皮球可以怎样玩呢？"

2. 基本部分

（1）教师："请小朋友每人到队伍前面拿一个皮球，听音乐和皮球一起做游戏，看看谁的玩法最多，但不能让皮球跑出我们的场地。当老师吹哨子时，请小朋友站在原地不动，我们一起看看大家是怎样玩的，好吗？"（小结完以后，集合，幼儿站成两队将球放入球筐中）

（2）"刚才小朋友们都玩得十分棒，今天老师想请小朋友互相配合一起用球进行各种游戏，请小朋友们想一想能够怎样玩呢？"

（3）"那请小朋友们前后拉开距离，一起进行胯下传球练习吧！"幼

儿听音乐开始游戏。（教师小结）

（4）游戏环节。

①"今天老师也为小朋友们准备了三个游戏，我们一起来看看第一个游戏规则吧！"教师出示你抛我接规则图，进行讲解，请男孩、女孩分别站成两列纵队，进行小组游戏"你抛我接"。教师和孩子先进行示范练习，练习一遍后，请小朋友们听音乐进行游戏。

②"小朋友，你们玩游戏开心吗？我们一起来看看第二个游戏规则吧！"教师出示夹球跳游戏规则，进行讲解，教师请小朋友站成四列纵队进行"夹球跳"比赛，锻炼孩子的比赛竞争意识。

③"小朋友，你们表现得很棒，那谁能猜猜看还能够怎样和皮球玩游戏呢？那刚才我们一起玩了胯下传球，此刻请小朋友看看图中的小朋友在进行什么游戏呢？"请小朋友站成两列纵队，一起听音乐进行"头顶传球"游戏。

④"今天我们和皮球玩了许多游戏，可是有的小朋友还没有玩尽兴呢！所以老师还特意准备了五种能够和皮球一起进行游戏的物品，我们一起来看看都有什么呢？"（报纸、易拉罐、球杆、球门、呼啦圈），接下来请小朋友站成四队变成四个圆，进行商讨后选取物品，共同合作进行游戏。教师巡回指导。（请小朋友将自己手中的物品在哪里拿的归还到哪里。）

⑤"刚才老师发现拿报纸的这一组小朋友玩得非常棒，我们一起来玩报纸运球游戏吧！"教师讲解规则并示范游戏，请小朋友听音乐开始进行过障碍物报纸运球综合游戏。

3. 结束部分

游戏结束，师生道别。

钻地笼

【活动目标】

1. 练习钻爬的基本动作。

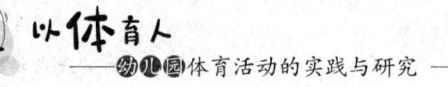

2. 增进身体的协调和灵活性。

3. 愿意参与体育游戏。

【活动准备】

皮筋、小椅子若干（在场地周围自设成渔网）、音乐磁带、活动场地。

【活动重难点】

快速钻爬的协调性。

【活动过程】

1. 开始部分

伴随着音乐"三条小鱼"和"螃蟹歌"，幼儿复习"游"的动作，并和教师一起学习"爬行"动作入场。

2. 基本部分

（1）基本动作练习。

教师："小螃蟹们长得多结实呀！呀！河面上来了一艘小船还设下了一个个陷阱（手指场地中的椅子、皮筋）！这可是要抓住我们的地笼啊！小螃蟹们，你们试着去挑战这些地笼吧！"

幼儿尝试钻、爬或跨、跳等不一样的玩法，自由玩。

教师："我们刚才尝试了不一样的玩法，现在请小螃蟹们告诉我，你是怎样过地笼的？"请个别幼儿展示自己的玩法，和小朋友一起分享。

（2）教师带领幼儿一起尝试各种玩法。提醒规则：不能碰到皮筋变成的地笼，否则就会被地笼缠住脚，渔民们会抓住你的。

① 跨地笼。

将皮筋固定在小椅子靠背中部，请幼儿跨过去。

教师："小螃蟹们打开你们的长腿，勇敢地从地笼上跨过去。"

② 跳地笼。

"哎呀！我刚才发现有的小螃蟹是用两只脚并拢着跳过去的。（请个别幼儿演示）你们敢这样过去吗？"（皮筋能够相应变矮）幼儿练习跳的动作。

③ 钻地笼。

教师："勇敢的小螃蟹们累了，得让我们的长脚休息一下了（原地坐下，揉揉腿。同时，请配班教师将皮筋改至椅子靠背顶部）。哎呀！不好！渔民们来了！他们已经从水面上来了，为了不让他们发现我们，我们得赶紧从地笼下钻过去。注意：不能碰到皮筋，否则就会被渔民发现。"幼儿从皮筋下练习钻的动作。教师在一旁指导，会钻的幼儿可加深难度、加快速度（以游戏口吻提醒："快！渔民来了，立刻要发现你了！"）。

（3）师幼一起探索地笼的其他玩法。

教师："刚才地笼是横着放的，此刻，渔民们发现捉不到螃蟹，他们布下了天罗地网，那我们该怎样过地笼呢？"

① 游戏：小螃蟹过地笼。

将皮筋纵横交错、高矮不等（最高高到孩子的平均身高，最低低到孩子钻爬时小屁股的高度）地摆放在场地中，供幼儿用不一样的方法过地笼。

② 游戏：小螃蟹比赛过地笼。

在场地中练习。即：两队人数相同的幼儿，务必先钻过三组椅背中部搭的地笼，然后再跨或跳过两组椅背高处搭的地笼，再由场地外绕回到队伍最前列，与等待的幼儿击掌后再回到队伍最后。而在队前等待的幼儿务必等和过完地笼的幼儿拍完手后，才可出发。

3. 结束部分

小螃蟹们顺利地过了地笼。"瞧，河面上的渔民们划着渔船回家了。小螃蟹们也累了，也该回家了。来！我们学着渔民们划船回家吧。"（播放"划船歌"音乐）在音乐声中，幼儿做伸伸手、弯弯腰、甩甩腿的放松动作。

第五章

户外体育游戏活动的实践与研究

通过开展丰富多彩的户外体育游戏活动,最大限度地满足幼儿自我的需求,培养幼儿参加体育游戏活动的兴趣和习惯,增强体质,提高对环境的适应能力,增强互相协作能力和促进语言表达能力的发展,培养幼儿坚强、勇敢、不怕困难的意志和主动、乐观、合作的态度。

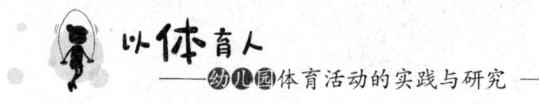

第一节　户外体育游戏活动的意义

户外体育游戏活动旨在培养幼儿参加体育活动的兴趣和习惯，增强体质，提高对环境的适应能力，增强互相协作能力和促进语言表达能力的发展，培养幼儿坚强、勇敢、不怕困难的意志和主动、乐观、合作的态度。幼儿期是人身体发展形成的关键时期，幼儿的身体活动能力是在实践活动中形成的，发展身体活动能力最直接、最有效的方法就是为孩子创设一个积极、主动参与的活动环境，鼓励幼儿积极地参与到户外体育活动中。

一、为幼儿提供充足的成长空间和机会

户外体育游戏活动是幼儿教育中的重要组成部分，它为幼儿提供了丰富的活动材料、充足的空间和时间相互作用的机会，从而促进幼儿在动作、思维、意志等方面的发展。同时，户外体育游戏活动也是培养和发展幼儿创新能力的重要途径，对幼儿未来的成长具有极大的益处。为了有效地发挥户外体育游戏活动的积极作用，教师需要采取科学有效的方法，促进幼儿创新能力的提升。

首先，教师需要为幼儿提供丰富多样的游戏材料和环境。在保证安全的前提下，尽可能地提供各种不同类型的游戏材料，如球类、绳类、平衡木、攀爬架等，这样可以让幼儿有更多的选择，从而激发他们的创新思维。同时，教师还可以设置不同的游戏场景，如森林、草地、沙滩等，让幼儿在不同的环境中进行探索和尝试，从而发现新的游戏玩法和规则。

其次，教师需要给予幼儿充分的自由和空间，让他们自主选择游戏方式和内容。在游戏过程中，教师不要过多干预，而是要观察和记录幼儿的行为和表现，了解他们的兴趣和需求，从而为后续的指导和引导提供依据。同时，教师还可以通过提问、引导等方式，启发幼儿思考和创新，鼓励他们尝试新的游戏玩法和挑战自我。

再次，教师需要注重培养幼儿的合作意识和合作能力。在户外体育游戏活动中，教师可以组织一些需要合作完成的游戏任务，如接力赛、团队闯关等，让幼儿学会相互配合、相互协作，从而培养他们的团队合作精神和沟通能力。同时，教师还可以通过分享、讨论等方式，引导幼儿分享游戏经验和感受，促进幼儿之间的交流和互动。

最后，教师需要注重评价和反思。在户外体育游戏活动结束后，教师可以通过回顾、讨论、评价等方式，引导幼儿总结游戏经验和收获，教师也需要反思游戏中存在的问题和不足，为后续的游戏活动提供改进的方向和思路。同时，教师还需要对自身的教育方法和效果进行反思和评估，不断改进和提高自己的教育水平。

二、引领幼儿自由探索并与环境友好交互

在户外体育游戏活动中，幼儿的活动空间是室内的好几倍，相互之间的干扰也很少，自由活动的空间非常大。这种宽松舒适的环境能够满足幼儿的好奇心和探索欲望，让他们能够在游戏中充分发展个性。

首先，户外体育游戏活动为幼儿提供了更多的自由和空间，让他们能够自由选择游戏方式和内容。在这种自由的环境中，幼儿能够更加积极地探索和尝试，从而发现新的游戏玩法和规则。例如，在沙滩上玩沙子，幼儿可以自由地构建沙堡、挖沙洞等，这种自由的环境能够激发幼儿的创造力和想象力。

其次，户外体育游戏活动能够促进幼儿与环境的交互作用。在与自然环境的互动中，幼儿能够更加深入地了解自然和环境，从而培养他们的环

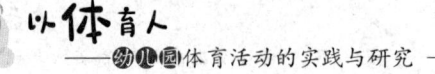

保意识和可持续发展观念。例如，在森林中玩耍，幼儿可以观察树木、草地、小动物等，了解它们的生活习性和生态关系，从而培养他们的生态意识和环保意识。

再次，户外体育游戏活动能够促进幼儿的社交能力发展。在宽敞的游戏环境中，幼儿可以自由地与其他幼儿交流和互动，从而培养他们的社交能力和合作精神。例如，在玩球类游戏中，幼儿可以学会传球、接球、合作等技能，这些技能不仅有助于他们与同伴建立良好的关系，还能够提高他们的社交能力。

最后，户外体育游戏活动能够促进幼儿的身心健康。在户外游戏中，幼儿能够接受阳光、新鲜空气等自然元素的刺激，从而促进他们的身体健康发展。同时，户外游戏也能够缓解幼儿的心理压力，让他们在游戏中放松身心，从而促进他们的心理健康发展。

三、引领幼儿身心健康发展和促进社会发展

户外体育游戏活动是一种自主选择、开放环境、人际交往频繁、内容丰富多样、具有创新性的活动形式。这种活动形式能够满足幼儿身体和心理发展的需求，符合幼儿年龄特点和学习的特点。在户外体育游戏活动中，教师可以通过和幼儿的互动，教幼儿学会观察、适应、掌握新知、建立自信，这是最受孩子欢迎和最有效的方法之一。

第一，户外体育游戏活动的自主性能够让幼儿自由选择游戏方式和内容。在这种自主选择的环境中，幼儿可以按照自己的兴趣和需要选择游戏，从而满足他们的个性化需求。例如，在操场上放置不同的游戏器材，让幼儿自由选择，有的幼儿会选择跳绳，有的幼儿会选择玩球，有的幼儿会选择荡秋千等。这种自主选择的环境能够让幼儿自主探索和尝试，从而激发他们的创造力和想象力。

第二，户外体育游戏活动的开放性能够让幼儿充分体验自然和环境。在这种开放的环境中，幼儿可以接触到更多的自然元素，如阳光、空气、

花草树木等，从而促进他们的身体健康和心理平衡。同时，开放的环境也能够让幼儿更加自由地探索和发现大自然，从而培养他们的探索精神和创新能力。

第三，户外体育游戏活动的人际交往频繁性能够促进幼儿的社会交往能力发展。在游戏中，幼儿可以与其他幼儿和教师进行互动和交流，从而培养他们的合作精神和沟通能力。

第四，户外体育游戏活动的内容丰富性能够满足不同幼儿的需求和兴趣。在活动中，教师可以设置不同的游戏场景和任务，如爬山、寻宝、跳绳等，从而满足不同幼儿的需求和兴趣。同时，教师还可以根据幼儿的需求和兴趣不断调整和更新游戏内容，让幼儿始终保持对游戏的兴趣和热情。

第五，户外体育游戏活动的创新性能够激发幼儿的创造力和想象力。在游戏中，幼儿可以通过探索和尝试发现新的游戏玩法和规则，从而培养他们的创新能力和解决问题的能力。

附：幼儿园户外体育游戏组织探索案例

户外体育区域活动这种较为新型的组织形式，让区域活动不再局限于教室里，而是让幼儿真正地在户外"动"起来。根据幼儿身心发展的规律和年龄特点，注重个体差异，创设若干运动区域，投放不同的器械材料，让幼儿自主参与活动，重在培养幼儿的运动兴趣和能力，发展基本动作，面向全体幼儿，因地制宜，不断优化幼儿园体育区域活动质量，真正促进幼儿身心的全面发展。全园体育区域活动让幼儿在户外体育区域活动中锻炼身体机能，促进动作全面发展，并能够在不同功能区有针对性和系统性地发展幼儿走、跑、跳、爬、钻、攀登、悬垂、投掷、翻滚、拍球等专项能力，同时创设心理游戏元素场景，让幼儿身心双向受益，为幼儿的全面健康发展奠定基础。

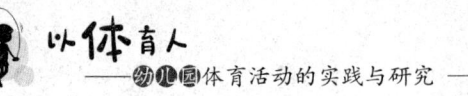

一、总体目标

根据《幼儿园教育指导纲要（试行）》《3—6岁儿童学习与发展指南》以及《广东省幼儿园一日生活流程指引》中的相关内容，结合我园的实际情况，将户外体育区域活动目标制定如下：

1. 幼儿目标

（1）乐于参加户外体育活动，能够体现勇敢、坚强、不怕困难的意志和积极主动、乐观自信、团结友好的合作态度。

（2）身体动作能力全面发展，走、跑、跳、投掷、钻爬、攀登、悬垂、投掷、翻滚、拍球等能力均衡发展，并能超越相应的发展水平平均标准。

（3）面对不同环境有一定的适应能力，对自身及周围环境的安全隐患有一定的预判能力，掌握自我保护意识与能力。

2. 教师目标

（1）能对幼儿户外体育区域活动的开展情况及目标达成情况有准确的判断与分析能力，时刻保持心中有目标、眼中有幼儿。

（2）能够对户外体育区域活动中器械材料的有效投放与游戏规则的趣味创设有充分的理解认识，能进行游戏安全风险评估并做出及时的调整。

（3）能认真观察分析幼儿在户外体育区域活动中的表现，并能及时给予正确的评价与指引。

二、场地设置及规划表

根据《3—6岁儿童学习与发展指南》健康领域中提出的幼儿动作发展方面的目标进行分类：

（1）平衡能力：走平衡木、侧滚翻荡绳。

（2）协调灵敏：钻爬、攀登、玩球、追逐跑。

（3）力量耐力：支撑悬垂、投掷、跑跳。

七大区域：平衡区、跑跳区、玩球区、野战区、拓展区、攀爬区、灵敏区。

三、实施计划及活动流程

1. 实施计划

（1）××××年××月××日—××××年××月××日试玩+教研+调整。

（2）××××年××月××日—××××年××月××日正式实施+各班轮换区域。

（3）每周一次，每次活动约一小时。

老师侧重关注材料是否准备充足，是否适宜幼儿操作，玩法是否能多样，幼儿是否感兴趣，场地的分配划分是否合理等几方面。

2. 活动流程

（1）活动前：（准备阶段）各班保育员把本班负责区域所需要的材料准备好。

（2）活动中：对幼儿进行观察，确保幼儿积极参与游戏，并注意游戏安全。

（3）活动后：本区域老师负责组织幼儿集中进行总结分享，对于表现好的幼儿进行贴纸奖励，激励其他幼儿下次能够更加积极主动地参与游戏，副班老师到对应入区点接本班幼儿。

四、区域玩法及材料明细表（部分）

区域划分	小区	水平目标	游戏设置	材料	负责部门
平衡区	运水救鱼（旱喷池）	1.练习在高低不一的平衡木上行走，锻炼平衡能力，喜欢上参与体育游戏。 2.初步感知平衡的状态，能在各种材料构成的障碍物上行走，练习手眼协调和平衡能力。	创设【游戏情境】鱼池干旱了，小鱼快要干死了，需要小朋友运水救鱼。	平衡木、过河石、轮胎、小鱼、大盆子等	

续表

区域划分	小区	水平目标	游戏设置	材料	负责部门
平衡区	运水救鱼（旱喷池）	3.感知平衡的状态，能在各种材料构成的障碍物上提物前行，锻炼平衡能力以及手眼协调。 4.能提一定重量的水行走，并在行走过程中保持平衡，不倒洒水。	玩法一：幼儿先根据所提供的材料在旱喷池区域拼搭四条"桥"，使桥可以到达取水处。幼儿选择容器，通过桥到达取水处，然后从两边来回提水倒入"鱼池"里。 玩法二：幼儿先根据所提供的材料在旱喷池区域拼搭四条"桥"，使桥可以到达对岸，在对岸将鱼运回自己的家（一次一条），谁家的小鱼多即可获胜。		

第二节　户外体育游戏活动的基本组织形式

户外体育游戏活动的组织形式多种多样，幼儿园可以根据园所特色，以及幼儿的身心发展状况，结合幼儿兴趣，开展适合幼儿的户外体育游戏活动。

一、户外体育游戏活动的组织形式

户外体育游戏活动是一种有益于幼儿身体和心理发展的活动形式，其基本组织形式有以下四种：

（一）以小组和个别形式为主的体育游戏活动

以小组或个别的学习形式为主的体育游戏活动是一种以幼儿为主体，通过自主选择游戏方式和内容进行自主游戏的活动形式。这种组织形式能够满足幼儿的好奇心和探索欲望，让他们能够在游戏中充分发展个性。

以小组或个别的学习形式为主的体育游戏活动将幼儿分成若干小组，每组包含一定数量的幼儿，让他们自由选择游戏方式和内容，进行自主游戏。这种组织形式给幼儿提供了更多的自主权和控制权，让他们能够自由选择自己喜欢的游戏方式和内容。例如，在户外运动场上，教师可以放置不同类型的运动器材，如球类、绳类、平衡木等，让幼儿自由选择器材进行游戏。幼儿可以根据自己的兴趣和需要选择不同的游戏器材，探索不同的游戏玩法和规则，从而满足他们的好奇心和探索欲望。

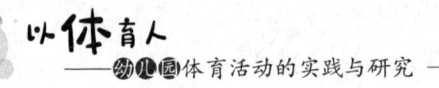

以小组或个别的学习形式为主的体育游戏活动给幼儿提供了更多的自主权和控制权，让他们能够自由选择自己喜欢的游戏方式和内容。因此，在这种活动形式中，每个幼儿都能够得到适合自己的游戏体验，从而促进他们的个性发展。例如，有些幼儿喜欢安静的游戏，可以选择荡秋千、滑梯等游戏；而有些幼儿喜欢运动量较大的游戏，可以选择障碍跑、攀爬等游戏。

这种多样化的游戏选择能够满足不同幼儿的需求和兴趣，促进他们的个性发展。

（二）户外集体体育游戏活动

户外集体体育游戏活动是一种将全体幼儿集中起来，由教师组织开展的一些集体性的游戏活动，如"捕鱼""老狼老狼几点了""捉迷藏"等。这种组织形式能够促进幼儿之间的互动和交流，增强他们的集体荣誉感和团队合作精神，同时也有利于锻炼幼儿的身体素质和智力水平，提高他们的协作能力和创新能力。

户外集体体育游戏活动需要全体幼儿共同参与，进行集体游戏。在游戏中，幼儿需要之间需要进行互动和交流，共同完成任务。这种互动和交流的过程能够促进幼儿之间的感情交流，增强他们的社交能力和合作精神。例如，在老鹰捉小鸡的游戏中，需要幼儿之间的相互配合和协作才能完成游戏任务。幼儿需要相互沟通、相互配合，共同应对老鹰的攻击。这种互动和交流的过程让他们学会相互配合、相互协作，能够提高幼儿的合作精神和沟通能力。

户外集体体育游戏活动需要全体幼儿共同参与，完成任务。在游戏中，幼儿需要与其他幼儿共同努力，争取取得好成绩。这种共同奋斗的过程能够增强幼儿的集体荣誉感和团队合作精神，让他们学会团结协作、共同进步。

（三）户外体育大循环游戏活动

户外体育大循环游戏活动是指将多种游戏项目设置在一起，形成一个循环，让幼儿按照一定的顺序逐个进行游戏。同时，大循环游戏还能够促进幼儿的身体素质和智力水平的发展，提高他们的协作能力和创新能力。

1. 体验不同的游戏项目

户外体育大循环游戏活动可以设置爬绳、滑梯、平衡木、投掷球等多种游戏项目，让幼儿按照一定的顺序逐个进行游戏。这种组织形式能够让幼儿尝试不同的游戏项目，体验不同的游戏玩法和规则，从而满足他们的好奇心和探索欲望。

2. 促进幼儿的身体素质和智力水平的发展

户外体育大循环游戏活动包含多种游戏项目，包括运动量较大的游戏和运动量较小的游戏、有挑战性的游戏和较为简单的游戏等。这种多样化的游戏项目能够提升幼儿的身体素质和智力水平。在游戏中，幼儿需要进行各种运动和活动，如跑、跳、攀爬、投掷等，这些运动能够锻炼幼儿的身体肌肉和骨骼，促进身体发育和健康成长。同时，在游戏中需要进行观察、思考、判断等认知活动，这些活动能够激发幼儿的大脑细胞，促进智力发展。

3. 提高幼儿的协作能力和创新能力

户外体育大循环游戏活动需要幼儿按照一定的顺序逐个进行游戏，这需要幼儿之间的相互配合和协作才能完成。在游戏中，幼儿需要学会相互配合、相互协作，共同完成游戏任务。在合作和沟通的过程中能够提高幼儿的协作能力和创新能力。例如，在玩接力赛的游戏中，需要幼儿之间的相互配合和协作才能取得好成绩。

（四）户外体育区域游戏活动（混龄式、同级式）

户外体育区域游戏活动中，区域游戏还能够促进幼儿之间的互动和交流，增强他们的社交能力和合作精神。混龄式和同级式是户外体育区域游戏的两种不同形式，混龄式是指不同年龄段的幼儿在一起游戏，能够促进不同年龄幼儿之间的互动和交流；同级式是指相同年龄段的幼儿在一起游

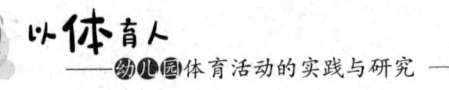

戏，能够更好地满足他们的兴趣和发展需求。

户外混龄式体育区域游戏活动是一种在户外场地上划分不同区域、设置不同游戏项目，让不同年龄段的幼儿自主选择游戏内容和方式的活动形式。这种活动形式能够促进不同年龄段幼儿之间的互动和交流，增强他们的社交能力和合作精神，同时也能满足不同年龄段幼儿的需求和兴趣，促进他们的身心发展。

1. 户外混龄式体育区域游戏活动

（1）活动准备：在组织户外混龄式体育区域游戏活动前，需要做好充分的准备。包括选择合适的天气和平整的场地，准备游戏设备和道具等。

（2）游戏项目设置：在活动前，需要根据不同年龄段幼儿的身体和智力发展特点，设置不同的游戏项目。这些游戏项目要满足不同年龄段幼儿的需求和兴趣，让他们自主选择游戏内容和方式。例如，设置适合小年龄幼儿的平衡木练习区和适合大年龄幼儿的障碍赛跑区等。

（3）幼儿自主选择：在活动开始前，幼儿可以根据自己的兴趣和能力自主选择游戏项目。教师可以给予适当的引导和建议，帮助幼儿选择适合自己的游戏项目。

（4）混龄组合：在游戏过程中，不同年龄段的幼儿可以自由组合，形成混龄团队。这种组合方式能够促进不同年龄段幼儿之间的互动和交流，让他们相互学习和帮助，培养合作精神和沟通能力。

（5）游戏指导：在游戏过程中，教师需要给予幼儿适当的指导，帮助他们掌握游戏规则和技巧，同时也要关注幼儿的安全和健康。

（6）活动评价：在活动结束后，可以对活动进行总结和评价。可以让幼儿分享自己的游戏体验和感受，教师也可以对活动进行反思和总结，为以后的活动提供参考。

2. 户外同级式体育区域游戏活动

（1）同级式游戏活动的优势

第一，满足同年龄段幼儿的发展需求。同级式游戏活动针对相同年龄段的幼儿设置，能够更好地满足他们的身体和智力发展需求，提供适合的挑战和乐趣。

第二，促进公平竞争。同级式游戏活动为同年龄段的幼儿提供了一个公平的竞争环境，有利于培养他们的自信心和积极性。

第三，促进同伴互动和社交能力。同级式游戏活动为幼儿提供了与同龄伙伴互动的机会，有利于培养他们的社交能力和合作精神。

（2）活动组织和指导

第一，分组和搭配。根据幼儿的实际情况，将同年龄段的幼儿进行合理分组和搭配，确保游戏活动的公平性和安全性。

第二，游戏规则的讲解和示范。在游戏开始前，教师需要向幼儿讲解游戏规则、方法和注意事项，并进行必要的示范。

第三，安全监控和指导。在游戏过程中，教师需要密切关注幼儿的安全，及时纠正不正确的姿势和动作，防止意外伤害。

（3）活动评价和反思

第一，关注幼儿在游戏活动中的参与度，了解他们的兴趣和表现，鼓励他们积极参与。

第二，对幼儿在游戏中的表现和成果进行评价，肯定他们的努力和进步，提出有针对性的建议和指导。

第三，教师需要对活动的效果进行反思和总结，分析优点和不足，为以后的活动提供改进方向。

二、户外体育游戏活动组织要求

在落实《3—6岁儿童学习与发展指南》健康领域的实践过程中，我们得知，户外体育游戏是幼儿日常生活的一个重要环节，也是增强幼儿体质，提高身体素质，培养幼儿走、跑、跳、钻、爬、攀登等技能的有效活动形式。幼儿园体育活动是遵循幼儿的生长发育规律和身体活动的规律，以幼儿为活动主体，以身体练习为基本手段，促进幼儿身体的正常发育和机能的协调发展，增强幼儿体质，发展幼儿智力，培养良好的道德和个性品质的一种教育活动。

意大利教育家蒙台梭利曾说："如果孩子们成长在鼓励的发展环境中，他们会突破性地进入到学习，变成自我激励者，自我学习者。"因而教师要以欣赏的态度，尽量用启发式的语言，引导幼儿自主探索，激发幼儿内在驱动力，运用已有的经验获得新经验，提高其挑战能力。总之，户外体育游戏不仅能促进幼儿的生长发育，增强体质，而且对幼儿的心理发展也产生一定的影响，所以我们不应将发展幼儿基本动作视为最终目的，而要把幼儿作为活动的主体。教师应引导幼儿在活动中积极主动地去感知、探索、操作，充分调动幼儿的积极性、主动性，让活动成为幼儿主动学习的过程。同时用一切教育契机，发挥教育资源的综合效能，不断增加幼儿的活动密度，提高幼儿参与性，让幼儿能在丰富多样、积极愉快的体育游戏中锻炼，从而获得主体性的发展。

（一）为幼儿创设良好、愉快的活动环境

良好的环境能使幼儿身心健康发展，因此，幼儿园的环境对幼儿应能起到积极的、有教育价值的作用。幼儿园良好户外环境能够满足幼儿活动的需要，给其安全感，让幼儿感到轻松愉快，能激发幼儿参与体育游戏的兴趣，促进幼儿机能的发展。结合幼儿园的实际情况及幼儿的实际发展水平，将现有的场地划分为几个区，有平衡区、球区、玩沙区等。控制每天户外体育游戏时间，且幼儿能根据自己的需要，戴上相应的入区标志进行游戏。如，在晨间户外活动中，教师带领幼儿玩"脚踏车"，幼儿在与同伴愉快的尝试中掌握了踩车的方法；玩沙区的孩子穿上雨鞋，带上铲子、各种图形工具在沙区中愉快地游戏着；轮胎区的小班幼儿根据轮胎不同的摆法练习双脚跳，大班可以推滚轮胎，一物多玩，满足不同幼儿的运动需求。轻松的游戏环境让幼儿更乐于去幼儿园,每天幼儿总是早早来园参与游戏。

(二)鼓励幼儿主动参与,幼儿成为活动的主体

幼儿阶段是自主性、自信等个性品质建立的重要时期,促使幼儿自主性地发展,帮助幼儿建立起足够的自信,有助于幼儿形成良好的个性,更好地适应社会生活。在活动中,让幼儿自己决定玩什么和怎么玩,不过分地限制幼儿,充分发挥每个幼儿的创造性,提高他们发现问题、解决问题的能力,如球区,请每位幼儿都带来一个皮球,活动中请他们任意玩,自己探索各种玩法,然后引导他们两人或多人合作玩,鼓励幼儿开动脑筋,看谁的玩法多。另外教师还要注意在游戏中引导幼儿大带小,如独轮车区,大班幼儿帮助小班幼儿绕障碍两人协作运粮食。结合能力差异创设不一样的游戏情节,如钻区,用绳子拉70厘米高让幼儿钻过,而能力强的则提供小钻圈,增加难度,提高幼儿的动作灵敏性。

(三)引导幼儿大胆探索,发展幼儿的创造力

从小培养幼儿的创造性思维不仅对幼儿当前的发展有很大作用,也可为幼儿将来的创造活动奠定基础。在体育活动中,教师应更多地引导幼儿自主去探索和思考,发展幼儿的创造性思维,注意不把要求、答案直接告诉幼儿,而是引导幼儿看看、想想、说说、试试,启发幼儿自己去思考。我们要给幼儿一定的自主、独立空间,鼓励幼儿自己去发现和创造各种玩法。如,小班体育活动"小兔乖乖"主要是让幼儿学习钻的动作,为了让幼儿的学习更具有趣味性,教师布置了萝卜园、小路等,让幼儿到有趣的场景中进一步巩固跳、钻等动作。又如,体育活动"蚂蚁搬糖果",教师准备了大大小小的糖果,让幼儿在爬的过程中体验游戏的乐趣。愉快的活动场景让每个幼儿在活动中激情昂然,得到满足,获得成功的体验。再如,体育活动"小兔拔萝卜",请幼儿想一想可以怎么过河拔萝卜,比一比自己的方法与别人有什么不一样,幼儿的创造性思维便在讨论中活跃起来了,幼儿能根据自己的想法,大胆地提出自己的见解。同时教师也让幼

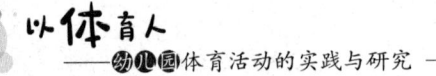

儿根据自己的方法进行尝试,在自主的探索中,发挥幼儿的创造力,让幼儿的思维得到进一步的发展。

三、户外体育游戏活动的组织策略

(一)组织形式

以班级为单位轮换式的体育区域活动:更注重有目的地发展幼儿的基本动作和活动过程中的创造性以及幼儿自主运动能力。教师可以通过2~3个区域,让幼儿将活动器材玩熟、玩透,想出器材的各种玩法。

以年龄段为单位的体育区域活动:根据本年龄段的目标,通过创设更多的区域,提供比较多的材料,来满足幼儿的不同需要,注意幼儿自由结伴、自主选择。

全园混龄的体育区域活动:这是一种创新的幼儿体育教育形式,它允许不同年龄的幼儿在同一个活动区域中自由互动和合作,以促进他们的身体和社交技能发展。这种活动形式的意义在于,通过多样化的体育活动,可以锻炼身体的不同部位,提高身体协调性、平衡感和耐力等身体素质,同时也可以促进幼儿的社会技能发展,提高人际交往能力,培养幼儿良好品质和团队合作精神,增强自信心和自尊心。此外,全园混龄活动还可以促进家园共育,让家长参与其中,增进亲子关系。在活动准备方面,需要选定适合进行体育活动的区域,准备适合不同年龄段幼儿的体育器材和道具,并将幼儿分成不同年龄的小组,指定教师或家长作为指导者,负责监督活动的安全和指导幼儿活动。在活动流程方面,包括热身运动、活动导入、活动开展、活动分享和活动结束等环节,指导者要关注幼儿的表现和安全,及时给予指导和鼓励,同时让幼儿分享自己的活动体验和收获,鼓励幼儿互相学习和交流。

(二)活动的组织与实施策略

活动的组织与实施策略主要包括以下四个步骤。

1. 热身准备

在开始体育活动前，进行适当的热身准备是非常重要的。热身准备可以帮助幼儿调整身体状态，预防运动损伤，提高活动效果。热身准备可以包括慢跑、伸展运动、跳绳等简单的体能训练。

2. 熟悉场地

在活动开始前，组织幼儿熟悉活动场地，了解场地的特点和使用规则。这可以帮助幼儿更好地适应环境，提高活动的安全性和效率。熟悉场地可以带领幼儿了解场地的布局、标识、安全提示等。

3. 明确要求

在活动开始前，向幼儿明确活动要求和规则，让幼儿了解活动的基本要求和注意事项。这可以帮助幼儿更好地理解活动目的和规则，促进活动的顺利进行。明确要求可以包括活动的内容、时间、规则、安全要求等。

4. 自主游戏活动

在上述三个步骤完成后，组织幼儿进行自主游戏活动，让他们自由选择活动项目和玩伴。自主游戏活动可以激发幼儿的活动兴趣和创造力，促进幼儿的身体和社交技能发展。在自主游戏活动中，教师需要注意观察和指导，确保活动的安全和有效性。

四、户外体育游戏活动的观察与评价

户外体育游戏活动是一种具有开放性、自主性、游戏性的体育锻炼活动，那教师如何在此类自由、自主的活动中观察和指导幼儿显得尤为重要。

（一）观察些什么

当幼儿在户外体育游戏活动时，教师在一旁能直接观察到幼儿在游戏中的行为，然而这些行为却有各不相同的指向，将观察到的幼儿行为分为四个不同种类：一是幼儿与材料的互动情况；二是幼儿的动作发展情况；三是幼儿遵守规则情况；四是幼儿与幼儿的交往情况。为了让教师在活动

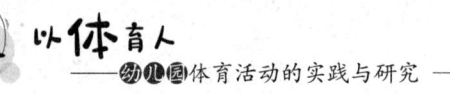

开展中能够更有抓手地进行观察，制定了不同时期的观察记录表。

（二）如何观察

1. 定点观察法

定点不定人，即观察者固定在游戏中的某一地点进行观察，见到什么观察什么，只要来此活动的幼儿都可以作为观察对象，适合于了解一个区域幼儿游戏的情况。例如，教师固定在自己负责的攀爬区，观察每个来自己此区域进行活动的幼儿，了解幼儿在自己负责区域的游戏中使用材料的情况、幼儿交往情况、幼儿遵守规则情况及幼儿的动作发展情况等。

除了采用定点法进行观察外，由于每个班级中都会有个别幼儿在运动方面能力较弱，需要教师的更多指导和帮助，因此，每个班的教师会根据自己班幼儿的情况，不定期地选择个别幼儿进行追踪观察，了解其在每个区域中的活动情况和动作发展情况。

2. 游戏介入法

游戏介入一般有平行式介入、交叉式介入和垂直式介入三种，教师需要根据幼儿的经验水平采用不同的介入方法，而幼儿的经验水平是随着活动开展的时间逐渐提升的。

不管幼儿处在何种时期、何种经验水平，当出现一些危险性很高的行为或者活动时，教师需要进行垂直式介入，对幼儿当前的活动及行为进行直接干预，以免幼儿发生安全事故。

3. 经验总结分享

在每次活动结束后，教师都会组织谈话活动，讨论幼儿在活动中遇到的困难、发现的问题等，分享他们个体或小组活动的经验。每个幼儿在活动时的经验都是零散的、单一的，通过组织谈话进行讨论，可以让幼儿分享同伴的活动经验，教师也可以帮助幼儿整理和提升经验，从而支持幼儿建构新的经验体系。

五、户外体育游戏活动中融入安全教育

少年强则国强,少年的身体素质在教育中占据重要地位,健康的身体对于每一个人的生活和学习来说都是核心所在。对于幼儿来说,尚未建立起完善的自我保护机制,但又迫切地需要体育锻炼活动提高身体素质,于是在幼儿户外体育游戏活动中融入安全教育势在必行。既让幼儿在户外体育游戏中收获强身健体的基本效果,也要让幼儿意识到保护自身安全的重要性以及进行自我保护的方式和方法。

(一)幼儿户外体育游戏活动中融入安全教育的重要意义

幼儿正处于身体发育尚不健全的阶段,基本的平衡能力和肢体协调能力都远远弱于成人,正因如此,幼儿经常在走动中跌倒,更容易在基本的运动中遇到安全问题。因此为了增强幼儿的身体素质,锻炼幼儿身体的协调性,开发幼儿的运动能力,幼儿必定要进行适当的户外活动。进行户外体育游戏活动是更容易让幼儿接受的运动方式,教师可以针对幼儿的身体情况进行运动规划,合理地调动幼儿的户外运动积极性,让幼儿真正在运动中取得锻炼身体的效果。在幼儿尚未形成安全意识的情况下,看似日常的体育运动会对他们的身体产生巨大的安全隐患,这更要求教师不仅要关注幼儿的运动情况和个人素质的提升情况,更要将目光放在安全教育上。

教师要对幼儿所进行的户外体育活动进行安全评估,在保证器械安全的同时教会幼儿如何在运动中保护自己的身体安全,避免受到各类器械伤害及活动中运动对身体造成的影响,真正做到在安全的情况下进行体育活动,不断提高幼儿的综合素质。

(二)进行幼儿体育活动中安全教育的方式和具体作用

1. 树立幼儿的安全意识,建立幼儿的安全思想

幼儿对于外界的感知能力较低,往往对潜在的危险难以发觉,在运动的过程中很难保持保护自身安全的意识,这就要求教师在运动前及运动的

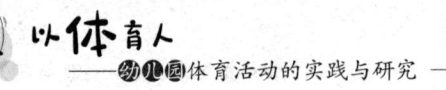

过程中全面细致地为幼儿讲解安全对于自身的重要性，以促进幼儿安全思想的建立。为了让幼儿不会忽视安全在运动中的重要性，明确身体健康对于自己的重要性，教师可以在进行运动之前为幼儿讲述进行相关运动时身体可能会遭受到的伤害，以及会对未来产生的严重影响，并通过相关视频解说或者亲身示范等方式帮助幼儿理解，从而使幼儿在进行这项运动时始终保持保护自身安全的意识。安全思想一旦建立，幼儿就会本能地在未来的运动过程中始终保持几分警惕之心，不会因为太过全情投入而忽视运动对于自身产生的安全隐患。

2. 讲解运动器械及标志，使幼儿规避不安全因素

对于幼儿来说，一味地灌输并不能让幼儿保持长久的安全意识，视觉冲击往往比单纯的语言更容易引起幼儿的兴趣。在进行运动以及户外游戏的过程中，往往会接触到许多体育器材以及安全标志，这也是教师进行安全教育的重要一环。视觉刺激对于幼儿来说容易产生探索欲和好奇心，当在活动的过程中遇到有关运动器械的讲解或安全标志时，要把握时机让幼儿关注到安全标志的形状特点，及时调动幼儿对于相关器械以及安全标志的好奇心，让幼儿在讨论中自行发掘其真正含义，并不时做出正确的引导。对安全标志的关注一旦形成，将始终伴随幼儿未来的户外运动，让幼儿养成在运动过程中注意安全标志的习惯，从而合理地规避相关危险，更安全地进行户外体育活动。

3. 进行幼儿自我保护教学，培养幼儿自护能力

对于老师来说，时刻关注每个幼儿的安全情况是必然要进行的工作，但依靠教师的保护是远远不够的，安全教育并非靠管教令幼儿规避危险，真正让幼儿拥有保护自己的能力才是安全教育的根本目的。教师要在幼儿进行户外运动游戏之前以及运动的过程中向幼儿普及安全知识，通过讲述、视频、示范等多种方式增强幼儿自我保护的意识，提高幼儿进行自我保护的能力。可以假设相关情境让孩子们回答自己认为的应对方式，并进行分享和讨论，在老师的引导下获得正确的处理方式。对于安全教育中的自我保护教学，教师要关注幼儿对于各种方式的接受程度以及可能遇到的安全问题并做到因材施教，用最恰当的教学方式进行幼儿自我保护的教学，让幼儿真正具备一定的自我保护能力，在健康运动的同时杜绝危险行为的产生，让户外体育运动产生积极的作用。

4. 组织有规划的体育运动活动，培养幼儿的规则意识

运动往往具有一定的规范性并伴随着一系列的相关规则，然而幼儿的年龄较小，对于运动的态度也大多是当作游戏娱乐，导致幼儿的规则意识十分薄弱，在进行户外体育运动游戏活动的过程中更愿意按照自己的思路进行活动。虽然教师要保持幼儿的创造性及运动积极性，但由于许多活动具有较强的规范性，若规则意识不足，很容易造成许多安全隐患，威胁到幼儿的运动健康。加之幼儿们正处于培养规则意识的年龄，教师更要把握住机会，规范幼儿对于运动的规则意识，让幼儿意识到不遵守规则可能会带来严重的后果。教师要保证幼儿在一定的规则范围内进行安全有效的户外体育运动，有组织、有纪律地服从户外游戏的设计安排，并对于不遵守纪律的幼儿进行一定的惩罚，例如在游戏中通过扣分等既不伤害幼儿又能起到震慑作用的方式，让幼儿无形中建立起对规则的敬畏之心，做到不触碰安全规则的底线，与运动中的危险保持距离。

身体的健康是发展的保障，对于幼儿来说，未来的发展前途都是建立在身体健康的基础上。对于幼儿的教育，重中之重就是身体健康的教育，在通过户外体育活动增强身体素质的同时，要有意识地融入安全教育，让幼儿得以在安全可靠的环境下提高体育运动素质。要通过安全教育建立幼儿的安全思想、使幼儿规避安全隐患、培养幼儿的自我保护能力以及规则意识。

六、户外体育游戏组织开展的策略

确立目标是关键步骤。户外体育游戏不应仅为娱乐而设计，而是应当结合幼儿的年龄、身体素质以及技能水平，设定具体的发展目标，比如增

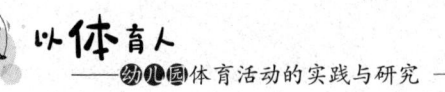

强体能、提升协调性或培养团队精神等。

选择适宜的游戏项目至关重要。应根据既定的目标挑选合适的运动种类，并确保这些游戏具备足够的吸引力以维持幼儿参与的兴趣。同时考虑季节变化对户外环境的影响，在不同时间提供适应性的活动选项。

要强调安全意识及措施。户外体育游戏中难免存在潜在的安全风险，因此事前的风险评估与预防措施必不可少。包括场地设施的安全检查、准备必要的防护装备以及对幼儿进行安全指导和紧急情况下的应对训练。

实施动态监控机制。教师应在活动中密切观察幼儿的表现并及时给予反馈和调整建议。这有助于优化游戏过程中的互动质量，保证每个孩子都能得到适合自己的挑战和发展机会。

总的来说，有效地组织和开展户外体育游戏需多方面考量，涉及前期策划到后期评价等多个阶段的工作协同配合。只有这样才能够真正发挥出户外体育游戏的价值，为幼儿创造一个既充满乐趣又能促进其全面发展的成长环境。

第三节　户外体育游戏活动的环境创设与材料投放

户外体育游戏的组织不仅能够锻炼幼儿的体魄，更能够让幼儿的精神得到充分培养。而在户外体育游戏活动的组织过程中，游戏环境的创设与材料是非常重要的，多元化的游戏环境能够让幼儿在游戏中获取更多样化的知识和感悟，促进幼儿更全面的发展。

一、户外体育游戏环境创设与材料投放要求

在《3—6岁儿童学习与发展指南》中明确要求幼儿每天的户外活动时间不能低于两小时。随着社会对学前教育重视力度的加大，目前大部分幼儿园都已经配备了户外活动的专门场所与器材，然而其类型多数集中于体育运动上，活动形式过于单一，使得幼儿的创造性思维受到限制。幼儿的游戏活动都是沿着教师预设的规则与路线，不仅降低了幼儿的参与积极性，也不能使其探险精神得到有效培养。针对这些情况，幼儿园应当充分利用自然环境与园内设备，挖掘功能的多样性，引导幼儿在户外自主游戏的过程中发挥其独立性、创造性与主动性，从而获得全面发展。

（一）合理设置区域，全面规划

根据幼儿体育活动的动作技能要求和活动材料划分区域，如走跑区、跨跳区、球区、大型器械区等。在划分场地时既要考虑各区域活动

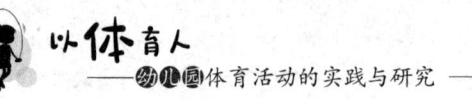

的性质和要求，又要充分考虑安全因素。还需根据活动场地大小灵活安排。

在规划幼儿户外体育活动区域时，有几个关键的方面需要考虑。

1. 动作技能要求

根据幼儿体育活动的动作技能要求，例如走、跑、跳、平衡、投掷等，设置不同的区域。例如，走跑区可以设置和安排训练幼儿走路和跑步的设施和活动，跨跳区可以设置和安排训练幼儿跳跃的设施和活动，球区可以提供各种球类，大型器械区可以提供各种大型玩具和器械。

2. 活动材料

根据幼儿的活动材料需求，划分不同的区域。例如，可以设置沙池区、滑梯区、秋千区等，提供各种适合幼儿玩耍的活动材料。

3. 场地大小

在规划活动区域时，需要根据活动场地的大小灵活安排。如果场地较小，可以优先考虑设置一些小型活动设施，如平衡木、小型滑梯等。如果场地较大，可以考虑设置更多的活动区域，如球区、大型器械区等。

4. 幼儿年龄

在规划活动区域时，需要考虑不同年龄段幼儿的需求。例如，小班的幼儿可能需要更多的指导和协助，可以在一些区域配备更多的指导员或监护人；大班的幼儿则可能更加独立，可以在一些区域设置更多的自由活动空间。

5. 安全因素

在规划活动区域时，需要充分考虑安全因素。例如，可以在一些容易发生碰撞的区域设置软垫或防护栏，避免幼儿受伤。同时，需要确保所有的活动设施和材料都符合安全标准。

（二）注重渗透在环境中的隐性指导

在户外体育游戏中，教师可以通过环境设计和利用、标识的使用、音乐的选择以及语言和动作示范等方式，渗透隐性的指导，帮助幼儿掌握正确的游戏技能和行为方式，促进他们的全面发展。

1. 起点线和终点线的设计

教师可以根据场地的实际情况，设计起点线和终点线，引导幼儿在游戏开始时站在起点线后，游戏结束时到达终点线。这种方式可以帮助幼儿理解起跑和冲刺的概念，同时也可以培养他们的规则意识。

2. 文字和形象标识的设计

在划分不同的游戏区域时，教师可以设计相应的文字和形象标识，帮助幼儿快速识别和理解各个区域的功能和游戏规则。例如，可以在滑梯区域设置"请排队等候"的标识，或在秋千区域设置"请勿摇晃"的标识。

3. 固定乐曲的选择和播放

教师可以选取一些具有明显开始和结束信号的音乐曲目，作为游戏的开始和结束信号。这样可以帮助幼儿形成听音乐开始和结束游戏的习惯，提高游戏的节奏感和秩序感。

4. 安全提示标识的设计

在游戏场地中，教师可以设置一些显眼的安全提示标识，提醒幼儿注意安全。例如，在沙池区域可以设置"请勿扬沙"的标识，或在秋千区域设置"请勿在无人看护的情况下玩耍"的标识。

5. 游戏材料的准备和使用说明

在准备游戏材料时，教师可以添加一些明显的使用说明，引导幼儿正确使用。例如，在准备投掷球的游戏材料时，可以在篮板上贴上"请勿投掷球"的标识，避免幼儿误伤自己或他人。

6. 语言和动作示范的引导

在游戏过程中，教师可以运用语言和动作示范等方式，引导幼儿掌握正确的游戏技能和行为方式。例如，在玩球类游戏时，教师可以示范正确的传球和接球技巧，同时也可以提醒幼儿注意保持队形和规则。

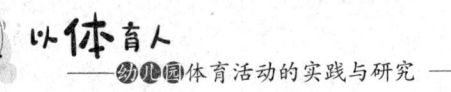

（三）从多角度考虑进行材料的投放

1. 根据幼儿活动兴趣投放活动材料

考虑到幼儿的兴趣和爱好，在户外体育区域活动中投放活动材料是非常重要的。幼儿对于色彩鲜艳、新颖或者有声响的器材会特别感兴趣，这些器材能够吸引幼儿的注意力，激发幼儿尝试和探索的欲望。因此，在活动前，教师应该充分考虑幼儿的年龄特点和兴趣爱好，有针对性地选择和配置活动材料。例如，在投掷区准备色彩鲜艳与可爱怪兽形象的器材，很快就吸引了好多幼儿，他们会来尝试一番，仔细琢磨这些器材的玩法，增加了活动的参与度和趣味性。

2. 根据各活动区功能需要配置活动器材

户外体育区域活动是全园性或年龄段的体育活动，因此在活动形式上不同于一般的户外体育活动。为了满足不同区域的功能需要，教师在投放活动材料时应该进行合理的选择和配置。例如，在钻爬区提供大小不同、高矮不同的器材，可以为幼儿提供不同难度和挑战的选择，满足不同能力幼儿的需求，促进幼儿钻爬动作的发展；在投掷区提供大小不同、重量不同、形状不同的器材和远近不同的场地，可以让幼儿练习不同的投掷动作，提高投掷的准确性和距离；在跳跃区提供高矮、远近不同的器材和场地，还有多种材料的器材，可以激发幼儿跳跃的兴趣，提高跳跃的能力和技巧。因此，教师在投放活动材料时，应该根据不同区域的特点和功能需求进行选择和配置。

3. 主材料和辅助材料的投放

主材料是对幼儿动作发展起主要作用的材料，例如钻爬区的绳子、平衡区的轮胎等。这些材料是针对特定动作练习和发展的主要道具，能够满足幼儿的基本活动需求。辅助材料则是增加趣味性和挑战性的材料，例如钻爬区的铃铛、平衡区的竹竿等。这些材料可以激发幼儿的兴趣和挑战性，增加活动的趣味性和吸引力。但是需要注意的是，辅助材料的投放应适当，不要过多或过于复杂，以免影响主材料的作用和效果。主、辅材料的合理搭配，可以更好地促进幼儿的动作发展和活动参与度。

例如，在钻爬区，材料是绳子和铃铛，绳子是让幼儿练习钻爬动作的主要道具，铃铛则是增加活动趣味性的辅助道具。幼儿可以在绳子上进行钻爬动作的练习，同时听到铃声的响动，增加了活动的乐趣。在平衡区，材料是轮胎和竹竿，轮胎是让幼儿练习平衡动作的主要道具，竹竿则是增加活动趣味性的辅助道具。幼儿可以在轮胎上练习平衡动作，同时也可以尝试走竹竿，增加了活动的挑战性和趣味性。

4. 材料投放的注意事项

（1）户外体育区域活动中投放的材料具有开放性与可变性

在户外体育区域活动中，教师提供的材料应该具有开放性和可变性。这意味着教师应该提供多种不同的材料，使幼儿可以根据自己的兴趣和需求自由选择，同时这些材料也应该根据幼儿的需求进行变化和组合。例如，在投掷区提供不同类型的投掷物和目标物，使幼儿可以选择不同的投掷方式和目标，增加活动的多样性和趣味性。同时，教师也可以根据幼儿的需求和兴趣不断调整和更新材料，以满足幼儿的发展需求和兴趣。

（2）体育区域活动中因地制宜调节活动器械

在体育区域活动中，教师应该根据场地的实际情况和幼儿的身体状况调节活动器械。例如，当幼儿出现出汗、呼吸急促等现象时，教师可以适当减少运动量或者降低运动强度，让幼儿得到适当的休息和调整。同时，教师也可以根据场地的性质和活动情况灵活地运用活动器材，使幼儿得到更多的启发和挑战。

（3）材料的投放，应注意活动的强度、密度的协调性

在户外体育区域活动中，教师应该注意活动的强度和密度的协调性。适量的运动负荷是指在组织幼儿进行身体锻炼时，教师合理地安排与调节幼儿身体锻炼时身体与心理所承受的负荷量，以保证幼儿运动后取得最佳的恢复效果，达到增强体质的目的。因此，在活动中，教师应该根据幼儿

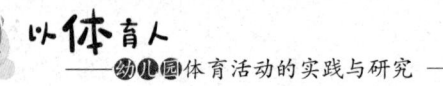

的年龄、身体状况和运动能力合理安排活动的强度和密度，以保证幼儿的身体得到充分的锻炼和保护。

另外，在活动前期和后期，教师应该根据幼儿的身体状况和运动能力适当调整活动器材的摆放和活动难度。活动器材的摆放和活动难度变化应该具有多面性，呈"小步递进"状，使幼儿通过努力可以达到目标，以保护和促进幼儿的挑战和自信心。

二、户外体育游戏环境创设与材料投放原则

在户外体育游戏的环境创设和材料投放中，要遵循以下原则：安全性、适宜性、多样性、互动性、针对性和可持续性。这些原则有助于保障幼儿的安全，满足他们的需求和发展，增加游戏的乐趣和挑战性，促进幼儿的语言、社交能力和创造力发展，提高游戏的效果，并保护环境和资源。总之，这些原则的遵循将有助于创设一个有益于幼儿全面发展的户外体育游戏环境。

（一）安全性

安全性是户外体育游戏环境创设和材料投放的首要原则，也是最重要的考虑因素。在户外体育游戏中，幼儿接触到的游戏材料和场地，以及游戏规则可能会对他们的安全造成潜在的威胁，因此需要采取一系列措施来确保游戏材料和场地的安全性。

首先，游戏材料的检查和筛选是至关重要的。应该选择无毒、无害、无味、无污染的游戏材料，避免使用可能对幼儿身体健康造成危害的材料。例如，避免使用尖锐的金属制品、易碎的玻璃制品等可能造成伤害的物品，以及可能含有有害物质的塑料制品。此外，游戏材料的质地和颜色也需要考虑，以确保它们符合安全标准并且易于识别。

其次，需要注意游戏场地的安全性。游戏场地应该定期进行检查和维护，确保场地没有尖锐的物品、破洞、裂缝等可能造成伤害的隐患。同时，游戏场地应该有良好的排水系统，以避免积水和水淹等安全隐患。

最后，制定合理的游戏规则也是保证安全性的重要措施。游戏规则应该明确、具体、易于理解，并且要与实际情况相符。在游戏开始前，教师应该向幼儿详细讲解游戏规则，并在游戏中不断提醒和监督幼儿遵守规则，以确保游戏的安全性和顺利进行。

（二）适宜性

适宜性是户外体育游戏环境创设和材料投放的重要原则，它意味着需要根据幼儿的年龄、能力和兴趣进行适宜性的设计和选择。

首先，根据幼儿的年龄进行适宜性的设计是必要的。不同年龄段幼儿的身体发育和认知能力存在差异，因此需要针对不同年龄段的幼儿设计适合他们的游戏环境和材料。例如，对于较小的幼儿，应该选择简单、易于操作的游戏材料和场地，如塑料球、滑梯等，以帮助他们锻炼基本动作和协调能力；对于较大的幼儿，可以提供更具挑战性和复杂性的游戏环境和材料，如攀爬架、障碍物等，以帮助他们锻炼提高身体技能和团队协作能力。

其次，根据幼儿的能力进行适宜性的选择也是必要的。不同幼儿的身体素质和能力水平存在差异，因此需要选择适合他们能力水平的游戏环境和材料。例如，对于身体能力较差的幼儿，可以提供较为简单、容易完成的游戏任务，如投掷小球、跳跃低障碍物等，以帮助他们提高自信心和积极性；对于身体能力较强的幼儿，可以提供更具挑战性和复杂性的游戏任务，如跳跃高障碍物、完成多种动作的组合等，以帮助他们锻炼提高身体技能和自我挑战能力。

最后，根据幼儿的兴趣进行适宜性的设计也是必要的。幼儿的兴趣和爱好是多种多样的，因此需要了解不同幼儿的兴趣和爱好，并根据他们的兴趣和爱好选择适合他们的游戏环境和材料。例如，对于喜欢运动的幼儿，可以提供运动类游戏和运动器材，如足球、篮球等，以帮助他们提高运动能力和兴趣；对于喜欢探险的幼儿，可以提供探险类游戏和道具，如探险寻宝、徒步等，以帮助他们培养勇气和探索精神。

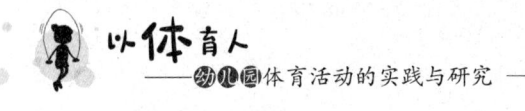

（三）多样性

多样性是户外体育游戏环境创设和材料投放的另一个重要原则，它意味着应该提供多种不同的游戏形式、内容、道具和场地，以增加幼儿参与游戏的乐趣和挑战性，并促进他们的全面发展。

首先，游戏形式的多样性可以让幼儿体验不同的游戏方式和规则，从而培养他们的思维能力和创造力。例如，可以提供不同类型的球类游戏、跑步游戏、跳跃游戏等，让幼儿体验不同的游戏方式和规则，帮助他们提高身体技能和规则意识。

其次，游戏内容的多样性可以让幼儿体验不同的游戏情境和角色，从而培养他们的想象力和社交能力。例如，可以提供角色扮演游戏、团队竞赛游戏、探险游戏等，让幼儿体验不同的游戏情境和角色，帮助他们提高团队协作能力、沟通能力和自我表达能力。

再次，游戏道具的多样性可以让幼儿使用不同的游戏道具进行组合和创新，从而培养他们的创造性和解决问题的能力。例如，可以提供不同类型的道具，如球类、绳索、泡沫垫等，让幼儿自由选择和组合，帮助他们提高创造性和想象力。

最后，游戏场地的多样性可以让幼儿在不同的场地进行游戏，从而增加他们的游戏体验和挑战性。例如，可以提供不同类型的场地，如草地、沙地、塑胶地面等，让幼儿体验不同的游戏场地和环境，帮助他们提高适应能力和促进探索精神。

（四）互动性

户外体育游戏环境创设和材料投放的互动性原则意味着应该创设能够支持幼儿之间、幼儿与环境和材料之间互动的游戏环境，以促进幼儿的语言表达能力、社交能力和创造力的发展。

首先，幼儿与环境之间的互动是互动性的重要方面。在户外体育游戏中，应该创设能够激发幼儿与环境互动的游戏环境，让幼儿能够自由探索、发现和创造。例如，可以提供可变化的场地设施，如可拆卸的拼装玩具、篮球架等，让幼儿能够根据自己的兴趣和能力进行组合和创造，促进他们的探索精神和创新能力的发展。

其次，幼儿与材料之间的互动也是互动性的重要方面。在户外体育游戏中，应该选择能够激发幼儿与材料互动的游戏材料，让幼儿能够操作、组合、变化和创造。例如，可以提供多种不同的游戏材料，如积木、拼图、纸箱等，让幼儿能够根据自己的兴趣和能力进行组合和创造，促进他们的动手能力和创造力的发展。

最后，幼儿与幼儿之间的互动也是互动性的重要方面。在户外体育游戏中，应该创设能够支持幼儿之间互动的游戏环境和规则，让幼儿能够合作、交流和分享。例如，可以提供需要团队合作的游戏任务，如接力比赛、拔河等，让幼儿能够通过合作完成任务，促进他们的团队协作和沟通能力的发展。

（五）针对性

户外体育游戏环境创设和材料投放的针对性原则意味着应该针对不同的游戏目标、不同的幼儿需求和不同的环境条件进行设计，以更好地满足幼儿的发展需求，提高游戏的效果。

首先，针对不同的游戏目标进行设计是必要的。户外体育游戏有多种不同的游戏目标，如提高身体技能、培养团队协作能力、增强自信心等。针对不同的游戏目标，应该设计不同的游戏环境和材料，以确保游戏的效果。例如，针对提高身体技能的游戏目标，可以设计具有不同难度级别的障碍物和任务，让幼儿通过挑战障碍和完成任务来提高身体技能。

其次，针对不同的幼儿需求进行设计也是必要的。不同幼儿的身体素质、兴趣和需求是不同的，因此需要了解不同幼儿的需求，并根据他们的需求进行设计。例如，针对身体能力较差的幼儿，可以设计适合他们的游戏任务和场地，如跳跃低障碍物、玩简单的球类游戏等，帮助他们提高自信心和积极性。

最后，针对不同的环境条件进行设计也是必要的。不同的环境条件，

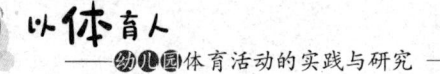

如气候、地形、空间等，会对游戏环境和材料的选择产生影响。因此，需要根据实际情况进行设计，确保游戏环境和材料的安全性和可行性。例如，在气候较冷的环境中，需要提供保暖的衣物和道具，以保证幼儿的身体温暖；在地形崎岖的环境中，需要选择适合该地形的游戏项目和场地，以保证幼儿的安全。

（六）可持续性

可持续性是户外体育游戏环境创设和材料投放的又一个重要原则，它意味着在创设游戏环境和投放游戏材料时，需要考虑到环境的影响和资源的利用，以实现可持续发展。

首先，选择环保、可回收、可再利用的材料是实现可持续性的重要手段。在户外体育游戏中，应该选择对环境危害小的材料，如可回收的塑料、木制品、布料等；避免使用对环境有害的材料，如不可降解的塑料、含毒的涂料等。此外，应该尽可能地使用可再利用的材料，如纸张、纸箱等，以减少资源的浪费。

其次，避免浪费和污染是实现可持续性的重要措施。在户外体育游戏中，应该尽可能地减少材料的浪费，如避免过度购买、合理规划游戏场地等。同时，应该注意游戏的清洁和整理，避免垃圾和废弃物的产生，保持游戏场地的整洁和美观。

最后，注意游戏场地的维护和管理也是实现可持续性的重要方面。游戏场地应该定期进行维护和保养，如修剪草坪、涂抹保护涂料等，以延长场地的使用寿命。同时，应该鼓励幼儿参与场地的维护和管理，如组织清理活动、植树造林等，培养他们的环保意识和责任感。

第四节　户外体育游戏活动实践案例

按照基本动作和实际需要进行分类，可以将户外体育游戏分为走跑类游戏、跳跃类游戏、投掷类游戏、钻爬类游戏、攀爬类游戏、平衡类游戏、球类游戏和综合类游戏。

一、走跑类游戏

猎人来了

【适合年龄段】

小班。

【游戏准备】

呼啦圈四个（直径90厘米左右）。

【游戏目标】

1.能灵活地在跑动中改变运动方向，发展灵敏与协调能力。

2.喜欢模仿小动物，乐于和教师进行互动。

【游戏情境】

在森林里生活着一群动物，有小白兔、猴子、老鹰、蛇等。有一天，森林里来了一个猎人，猎人手上还有一把猎枪，小朋友听到枪声后要马上躲起来。

【游戏玩法】

1. 教师描述某一种动物的特征，请小朋友们猜是什么动物。比如，喜欢吃胡萝卜、有两只耳朵的动物——小白兔。接着，教师带着小朋友们变成小白兔，模仿它的行走方式向前移动。教师在行进的过程中，会随机发出"Boom"的枪声，小朋友听到枪声后要迅速改变运动方向，返回起点。接着，小朋友们继续模仿小青蛙、大象、小猴子、小鸟、老虎等动物的行走方式，采用跳、跨步走、手脚爬、跑等动作，重复进行游戏。

2. 教师在场地的四周放置四个呼啦圈当作房子，小朋友们随便选择一个房子住进去。听到教师说出"圈圈里的兔子请出来"之后，小朋友变成兔子跳出圈圈，在场地内自由活动。听到猎人发出"Boom"的枪声后，快速跑到圈圈房子里面，遇到猎人要及时躲开。接着，教师再请另一种动物从圈圈里面出来，重复进行游戏。

【游戏建议】

1. 选择容易模仿、小朋友熟悉的动物，从模仿难度上要由易到难。

2. 在游戏过程中，提醒小朋友观察身边同伴所处的位置，避免发生碰撞。

小小驾驶员

【适合年龄段】

中班。

【游戏准备】

雪糕筒若干、体能条若干。

【游戏目标】

1. 学习听信号向指定方向跑，提高快速反应能力。

2. 喜欢参加体育锻炼，感受运动的乐趣。

【游戏情境】

今天天气非常好，小朋友们，我们一起变成小司机，开着小汽车，到户外去郊游。

【游戏玩法】

1. 小朋友们跟随音乐以及教师的口令，有节奏地模仿司机打方向盘、踩刹车、倒车、前进、加速等动作，在简单的指令中快速做出反应。

2. 教师在场地上间隔一定距离随机放置雪糕筒当作障碍物。当听到音乐后，小朋友们开着小汽车在场地内绕障碍物慢跑，在跑动过程中注意避让同伴；当音乐停止时，小朋友们回到起点。教师可以增加障碍物的数量，以增加游戏难度。

3. 教师在场地上分两组纵向摆放十个雪糕筒，各相距1米，每一组雪糕筒的排前排后各放一根体能条连接两个雪糕筒。小朋友们分为两组，先直线跑，再绕障碍物跑，最后再直线跑。

【游戏建议】

1. 教师要准备充足的游戏材料，摆放障碍物时要注意间距。当小朋友碰倒障碍物时，可以不用停下来扶起障碍物，以免被身后的同伴撞倒。

2. 在游戏前，教师可以带领小朋友复习跑步的基本动作；在游戏过程中，可以请个别小朋友对游戏的路线和玩法进行示范。

新老鹰抓小鸡

【适合年龄段】

大班。

【游戏准备】

雪糕筒八个、三折叠体操垫若干。

【游戏目标】

1. 掌握改变身体方向的技巧，能灵活地跑动、躲闪。

2. 乐于和教师进行互动，培养勇于挑战的品质。

【游戏情境】

小鸡和鸡妈妈生活在一起。有一天，鸡妈妈要出门，只剩小鸡在家。

没有鸡妈妈的保护，小鸡要照顾好自己，不要被老鹰抓走了。

【游戏玩法】

1. 小朋友扮演小鸡，教师扮演鸡妈妈。在鸡妈妈出门前，会带着小鸡学习本领，小鸡要跟着鸡妈妈做相同的动作。鸡妈妈向左移动，小鸡也跟着向左移动；鸡妈妈向上跳，小鸡也跟着向上跳；鸡妈妈向右移动，小鸡也跟着向右移动；鸡妈妈蹲下，小鸡也跟着蹲下。

2. 随后，教师扮演老鹰，小鸡要与老鹰做相反的动作。老鹰向左移动，小鸡则向右移动；老鹰向前移动，小鸡则向后移动；老鹰向下蹲，小鸡则向上跳。

3. 小朋友们呈四列纵队，站在起点。教师在起点处和终点处分别间隔一定距离横向摆放四个雪糕筒，在场地两边竖着摆放三折叠体操垫当作围墙。游戏开始时，每一队排头的四个小鸡同时出发，老鹰站在场地中央，小鸡要从起点跑到终点，不能被老鹰抓到。

【游戏建议】

1. 引导、鼓励小朋友们灵活应用各种跑的动作，及时躲闪。

2. 邀请大胆尝试、勇于挑战的小朋友进行示范，增加小朋友的自信心。

二、跳跃类游戏

穿越树林

【适合年龄段】

小班。

【游戏准备】

海绵棒若干。

【游戏目标】

1. 能身体平稳地双脚连续向前跳。

2. 能在游戏中保持专注，并坚持一段时间。

【游戏情境】

在我们的前方有一片树林,有很多树木倒了下来,横放在地上,拦住了我们的去路。

【游戏玩法】

1. 教师在场地中央横着摆放一排海绵棒,像一根树干一样。小朋友们呈两排横队,第一排小朋友先出发,在教师的带领下向前慢跑,到海绵棒面前时停下来,引导小朋友用自己的方式通过海绵棒,然后跑向终点。在探索阶段,小朋友可以采用各种各样的方式通过海绵棒,单脚跨、双脚跳都可以。

2. 多次重复游戏之后,教师在场地中央间隔30厘米左右,横着摆放两排海绵棒。引导小朋友采用连续两次的双脚跳通过海绵棒。接着,教师可以将海绵棒增加到三排,引导小朋友采用连续三次的双脚跳通过海绵棒。

3. 教师在场地上随机摆放若干海绵棒,海绵棒之间间隔30—50厘米的距离。小朋友从起点出发,可以自由选择路线,依次双脚连续跳过海绵棒,直到终点。教师可以在一旁数出小朋友连续双脚跳的次数。

【游戏建议】

1. 进行最后一个玩法前,教师可以进行讲解和示范,让小朋友熟悉规则和玩法。

2. 教师要注意观察小朋友双脚跳的动作,若发现错误动作,要及时进行提醒和纠正,以免形成错误动作定式。

可爱的袋鼠宝宝

【适合年龄段】

中班。

【游戏准备】

跳袋若干、海洋球若干。

【游戏目标】

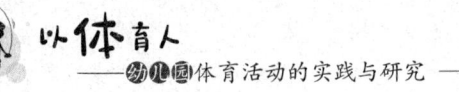

1. 能较灵活地双脚连续向前跳，增强腿部力量，提高身体的灵敏性和协调性。

2. 沉浸于任务情境当中，获得成功的喜悦。

【游戏情境】

今天，小朋友们都是可爱的袋鼠宝宝，袋鼠宝宝一天天地长大，待会要跟着袋鼠妈妈一起出去找食物。

【游戏玩法】

1. 小朋友们模仿袋鼠跑跑跳跳的动作进入场地，围成一个大圆圈，跟着音乐的节奏边念儿歌"袋鼠"边做动作。

"袋鼠妈妈，有个袋袋（双手摸摸肚子）；

袋袋里面，装有乖乖（左晃晃，右晃晃）；

妈妈和乖乖（下蹲运动），相亲又相爱（跳跃运动）。"

接着，教师组织小朋友进行原地徒手袋鼠跳，可以分别向前跳、向后跳、向左跳和向右跳等。

2. 熟悉动作之后，教师和小朋友穿上跳袋，教师请小朋友在场地内自由活动，尝试像袋鼠一样行动。教师可以通过设置目标和任务，增加游戏的趣味性。比如，带着小朋友在场地里寻找植物、玩具等。

3. 教师将数量充足的海洋球放在场地当中，就像一颗颗粮食。当音乐开始时，小朋友蹦蹦跳跳地去寻找食物，并将海洋球放在跳袋当中；当音乐停止时，小朋友回到袋鼠妈妈的身边，将跳袋中的食物拿出来交给袋鼠妈妈。如此重复游戏，直至场地中所有的海洋球被捡起。

【游戏建议】

1. 在游戏过程中，教师要提醒小朋友跳得慢一点，不要着急，以免摔倒。

2. 最后一个玩法时，教师要注意观察小朋友的运动状态，可以通过控制音乐的时长，合理安排运动负荷。

小猴子摘香蕉

【适合年龄段】

大班。

【游戏准备】

自制海绵棒（30厘米长的四根、20厘米长的四根）、鱼丝线。

【游戏目标】

1. 能原地或通过助跑摸到具有一定高度的物体，发展下肢肌肉力量。

2. 在运动中保持专注，并能坚持一段时间。

【游戏情境】

小朋友们，今天我们要变成一群小猴子，猴大王在山里发现了一片香蕉林，待会儿我们一起去摘香蕉，看谁摘得多。

【游戏玩法】

1. 教师和小朋友进行互动，教师问："小猴子，吃什么？"小朋友说："吃香蕉，吃几个？"教师答："吃3个。"听到教师说出的数字后，小朋友举起一只手原地双脚起跳，做摘香蕉的动作，重复3次。游戏继续，教师可以随机说出1~10的数字。

2. 教师在场地中央拉一条绳子，并将长度为30厘米左右的四根海绵棒间隔一定的距离绑在绳子上，海绵棒的最下端离地1.5米左右。小朋友呈四列纵队在起点处，慢跑至海绵棒的下方，举起一只手原地双脚起跳，做摘香蕉的动作，拍到海绵棒则获得成功。

3. 将两根长度为30厘米左右的海绵棒替换为两根长度为20厘米左右的海绵棒，增加海绵棒离地的高度。让小朋友自由选择，刚才没有成功的，可以继续挑战拍30厘米的海绵棒；刚才获得成功的，可以选择挑战拍20厘米的海绵棒。如果小朋友原地双脚起跳高度不够，可以引导小朋友采用助跑单脚起跳的方式。

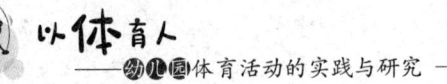

【游戏建议】

1. 可以根据小朋友的运动能力水平，设置合适的摸高高度。

2. 提醒小朋友用手拍海绵棒，而不是用手抓海绵棒，以免将海绵棒抓下来，影响游戏的流畅性。

三、投掷类游戏

神投手

【适合年龄段】

小班。

【游戏准备】

雨伞、自制纸球若干。

【游戏目标】

1. 能单手将纸球投进距离自己3米左右的物体中，发展上肢肌肉力量。

2. 能够听懂和理解简单的游戏规则，并遵守规则。

【游戏情境】

小朋友们，你们看过篮球比赛吗？在篮球比赛中，有的运动员投篮非常的准，能将篮球稳稳地投进篮筐当中。今天，我们也来学本领，争取做一名神投手！

【游戏玩法】

1. 教师带着小朋友原地徒手练习单手投掷的动作。

抬起手臂——抬起惯用手，放在肩上；

迈出小脚——异侧脚向前迈出一小步；

瞄准方向——抬起非惯用手，向前伸出；

发射——做出将球投出的动作。

2. 接着，小朋友每人手上拿一个纸球，在原地做好单手投掷的动作，教师巡回指导，对错误动作进行纠正，所有小朋友准备好之后，教师发出"发射"的指令，小朋友一起将纸球扔出，然后捡起纸球返回起点。

3. 教师在场地的四周放置四个箱子，箱子里面装有数量充足的纸球。教师用长绳围成一个圆圈，半径为3米左右，小朋友站在绳子外围，教师坐在圆心处撑起一把倒放的伞，就像一个圆圆的锅。当音乐开始时，小朋友每次从箱子里面拿一个纸球，然后站在圆圈上将手中的纸球扔进雨伞中。当音乐停止时，小朋友可以将散落在地上的纸球捡起，放回箱子当中。

【游戏建议】

1. 若小朋友已经掌握单手投掷的动作，可以直接拿球开始游戏。

2. 最后一个游戏的时候，提醒小朋友遵守游戏规则，不要走进圆圈内，而且扔出纸球之后不需要马上去捡，等游戏结束时一起捡。

花样玩球

【适合年龄段】

中班。

【游戏准备】

自制纸球若干、雪糕筒、小背篓。

【游戏目标】

1. 通过抛接球，发展幼儿动作的准确性和灵敏性。

2. 敢于组合不同的器材，尝试不同的游戏玩法。

【游戏情境】

我们经常玩扔纸球的游戏，今天，除了有纸球外，还为大家准备了很多好玩的材料，看小朋友们能不能想出更多好玩的游戏。

【游戏玩法】

1. 自抛自接球。每位小朋友一手拿纸球，一手拿雪糕筒，将纸球向上抛出一定的高度，然后用雪糕筒将纸球接住。鼓励小朋友大胆地将球抛过头顶。

2. 你抛我接。两位小朋友一组，间隔一定的距离，一位小朋友抛，另一位小朋友用雪糕筒接，引导小朋友控制抛球的力度。当小朋友熟练之后，可以适当拉开距离，增加游戏的难度。

3. 花式抛球。将小背篓放在前面，小朋友用脚夹纸球，向上跳，把球投到小背篓里。鼓励小朋友创造出其他有趣的抛球方式。

【游戏建议】

教师要支持小朋友的想法，鼓励他们创造新的玩法。

战场演练

【适合年龄段】

大班。

【游戏准备】

自制纸球若干、体操垫若干（1.2米×2.4米）、纸球、长绳。

【游戏目标】

1. 巩固单手肩上投掷的基本动作，发展上肢肌肉力量和耐力。

2. 能全神贯注地投入游戏当中。

【游戏情境】

小士兵即将外出执行任务，目标是摧毁敌人的基地总部。在出发前，我们要进行一次演练活动，练好本领。

【游戏玩法】

1. 小朋友呈两排横队站在起点处，在前方5米左右的距离竖着摆放几张体操垫，就像敌人的基地总部。教师将数量充足的纸球放在小朋友身后。当听到音乐时，小朋友捡起身后的纸球（每次只能捡一个球），站在起点处，将球扔向体操垫；当音乐停止时，小朋友一起将散落在地上的纸球捡回。

2. 可以请动作规范、投得远的小朋友进行示范，教师讲解如何才能投得更远的技巧，比如发力方式、出手角度等。小朋友调整动作，重复进行游戏。

3. 将小朋友分为两组，一组进攻，另一组防守。在场地中央用五张体操垫围成一个圆形的基地总部，在体操垫外围再用长绳围成一个圆圈，体操垫与长绳的距离在5米左右。挑选八位小朋友为守方进入基地总部内；其他人为攻方在绳子外围进攻，且不能跨越绳子进入规定的区域。当听到音乐时，进攻方将纸球扔进基地总部内，防守方将纸球扔出基地总部。当音乐停止时，小朋友一起将散落在地上的纸球捡回，并相互交换角色进行游戏。

【游戏建议】

1. 教师要将规则讲清楚，当有小朋友违反规则时，要及时提醒和制止。

2. 最后一个游戏时，攻方不要走进绳子围成的圆圈内，而且扔出纸球之后不需要马上去捡，等游戏结束时一起捡。

四、钻爬类游戏

蚂蚁运粮

【适合年龄段】

小班。

【游戏准备】

体操垫若干（1.2米×2.4米）、海洋球若干、轮胎两个、箱子四个。

【游戏目标】

1. 通过手脚爬、手膝爬和跪姿走等动作，发展身体协调性。

2. 敢于尝试不同的爬行方式。

【游戏情境】

冬天就要来了，小蚂蚁要出去找食物，然后将粮食运回家里，储备充足的粮食过冬。我们一起出发吧。

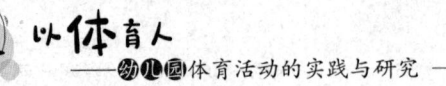

【游戏玩法】

1. 教师将若干体操垫分成两列展开，铺在地上，就像两片大草地。小朋友呈两列纵队，用自己的方式，依次爬过草地，到达终点后，从场地两侧慢跑返回。教师可以挑选几种常见的、被大多数小朋友采用的爬行方式，让小朋友们再次练习、巩固动作。

2. 教师在每列队伍的后方放置一个空箱子，在草地的终点处放置一个装满海洋球的箱子，就像装满各种颜色粮食的仓库。小朋友采用手脚爬、手膝爬和跪姿走等动作爬过草地，然后从箱子里面拿一个海洋球，然后从场地两侧慢跑返回。

3. 教师可以设置障碍，将轮胎放在草地的中间，小朋友需要爬过障碍才能到达终点。

【游戏建议】

在游戏开始前，教师可以亲身示范或请小朋友示范游戏玩法和路线。

老鼠钻山洞

【适合年龄段】

中班。

【游戏准备】

体操垫若干（1.2米×2.4米）、竹梯、轮胎。

【游戏目标】

1. 通过爬、钻等动作，发展身体灵敏性和协调性。

2. 喜欢参与体育锻炼，感受运动带来的乐趣。

【游戏情境】

小老鼠在外出游玩的时候，会遇到各种各样的山洞，大家要想办法钻过山洞。在钻山洞的时候还有可能会遇到大花猫，一定要躲开它，不能被它抓到了。

【游戏过程】

1. 教师将若干体操垫分成两列展开，铺在地上。小朋友呈两列纵队，用自己的方式，依次爬过体操垫，到达终点后，从场地两侧慢跑返回。

2. 教师搭建山洞，将竹梯竖着放在体操垫中间，用轮胎固定。小朋友爬到竹梯跟前，要从竹梯的脚踏棍间钻爬过去。在游戏过程中如果听到"猫来了"口令，小朋友需要跑回起点，躲避猫。

3. 教师重新搭建山洞，将竹梯用轮胎垫高，并横向架在体操垫的上方，再用轮胎固定。小朋友爬到竹梯下方之后，要慢慢站起来，从竹梯的踏脚棍间钻出来，即从下往上钻，迈过竹梯，再爬向终点。

【游戏建议】

1. 教师可以和小朋友探索其他的玩法。比如，小朋友爬到竹梯跟前时停下来站起身，双脚迈进竹梯的踏脚棍间，从上往下钻，然后再爬向终点。

2. 在游戏过程中，提醒小朋友与前面一个正在游戏的小朋友保持距离，以免被小朋友的脚踢到。

勇敢的小士兵

【适合年龄段】

大班。

【游戏准备】

体操垫若干（1.2米×2.4米）、竹梯、轮胎、钻爬网。

【游戏目标】

1. 通过匍匐前进、爬梯子等动作，发展身体协调性和平衡能力。

2. 敢于接受挑战，不怕困难。

【游戏情境】

小士兵要参加紧急救援，在执行任务的过程中，要面对许多挑战，希望小士兵们能勇敢面对，克服困难。

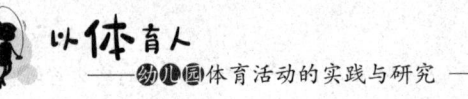

【游戏过程】

1. 教师将若干体操垫分成两列展开，铺在地上，再分别在两列体操垫上放置钻爬网。小朋友呈两列纵队，依次爬过体操垫、穿过钻爬网，到达终点后，从场地两侧慢跑返回。在穿过钻爬网时，身体不能碰到钻爬网，小朋友可以选择匍匐前进的方式或者仰面前进的方式。

2. 增设挑战，在体操垫之后，教师放置一根竹梯，在竹梯两端各放一个高度相同的轮胎，将竹梯架在轮胎上面。小朋友在穿过钻爬网之后，手脚并用爬上竹梯，到达终点后，从场地两侧慢跑返回。

3. 提高难度，教师再次组合轮胎和竹梯，将竹梯斜放在轮胎上，形成45°左右的斜坡。小朋友在穿过钻爬网之后，手脚并用爬上竹梯，到达终点后，从场地两侧慢跑返回。

【游戏建议】

1. 当小朋友熟悉玩法之后，鼓励小朋友在竹梯上行走，可以不用手扶。

2. 在游戏过程中，教师要做好保护与帮助。

五、攀爬类游戏

爬小山

【适合年龄段】

小班。

【游戏准备】

体操垫若干（1.2米×2.4米）、二折叠体操垫若干、轮胎若干。

【游戏目标】

1. 能手脚并用，爬上具有一定高度的物体。

2. 乐于参与具有一定挑战性的任务，培养勇敢、坚毅的品质。

【游戏情境】

小朋友，你们听过红军的故事吗？他们非常勇敢，而且吃苦耐劳。今天，我们也是勇敢的小红军，要完成过草地、爬小山的任务。

【游戏玩法】

1. 教师在场地上摆放两列体操垫，小朋友呈两列纵队。小朋友依次爬上体操垫，到达终点后从体操垫两侧跑回起点。

2. 将两张二折叠体操垫垒高叠放在一起，就像一座方方的小山，放在体操垫中间的位置。小朋友依次爬上体操垫，遇到小山时，手脚并用爬上小山，再从小山上下来，接着爬向终点，到达终点后从体操垫两侧跑回起点。

3. 将二折叠体操垫打开，架在轮胎上，就像一座具有坡度的小山，放在体操垫中间的位置。小朋友依次爬上体操垫，遇到小山时，手脚并用爬上斜坡，再从斜坡上爬下，爬向终点，到达终点后从体操垫两侧跑回起点。

【游戏建议】

1. 由于二折叠体操垫不够稳定，小朋友从上面下来时，提醒他们不要直接跳下来，以免受伤。

2. 小朋友爬上斜坡时，教师要在一旁做好保护与帮助。

攀爬者

【适合年龄段】

中班。

【游戏准备】

体操垫若干（1.2米×2.4米）、二折叠体操垫、竹梯、雪糕筒。

【游戏目标】

1. 能徒手或借助竹梯，爬上具有一定高度的物体。

2. 能全神贯注地参与到游戏当中。

【游戏情境】

小朋友们，在我们面前有一片草地挡住了我们的去路，它会慢慢变成

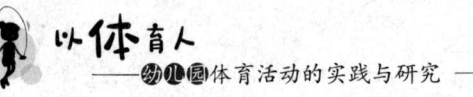

小山，再变成高山，让我们一起来挑战吧。

【游戏玩法】

1. 教师将一张体操垫打开，横着放在场地中央，就像一片草地。小朋友呈两列纵队在起点，在距离起点10米左右放置两个雪糕筒作为终点。游戏开始时，小朋友从起点跑向终点，在接近体操垫时迅速爬过去，到达终点后绕过雪糕筒从场地两侧返回。

2. 接着，逐渐垒高体操垫，增加障碍物的高度，小朋友需要助跑跳上体操垫；当体操垫垒到一定高度之后，小朋友需要徒手爬上体操垫。

3. 将竹梯架在体操垫上，小朋友从起点出发，借助梯子爬上体操垫，再从体操垫上爬下来，到达终点后绕过雪糕筒从场地两侧返回。

【游戏建议】

1. 可以根据小朋友的运动能力和状态，将体操垫调整到适合他们的高度。

2. 当体操垫具有一定的高度之后，提醒小朋友不要直接从体操垫上跳下来，以免受伤。教师要做好防护措施，在小朋友落地处铺设一层二折叠体操垫。

攀越高墙

【适合年龄段】

大班。

【游戏准备】

体操垫若干（1.2米×2.4米）、二折叠体操垫、雪糕筒。

【游戏目标】

1. 能徒手翻越具有一定高度的物体，发展肌肉力量。

2. 敢于挑战自己，并勇敢地面对困难。

【游戏情境】

小朋友们，今天我们要凭借自己的力量翻越高高的围墙，不能借助任何工具。

【游戏玩法】

1. 教师将多张体操垫垒高横着放在场地中央，初始高度在50厘米左右。小朋友呈两列纵队在起点，在距离起点10米左右放置两个雪糕筒作为终点。游戏开始时，小朋友从起点跑向终点，在接近体操垫时双腿蹬地的同时双手撑在体操垫的边缘，爬上体操垫之后再爬下体操垫，到达终点后绕过雪糕筒从场地两侧返回。

2. 接着，逐渐垒高体操垫，一组体操垫的高度在80厘米左右，另一组体操垫的高度在100厘米左右。小朋友可以根据自身能力水平，选择合适的高度进行挑战。

3. 将多张体操垫叠在一起，竖着摆放，由两位教师用力扶着体操垫的两端，保持体操垫的稳定，就像一堵围墙一样。小朋友呈一列纵队从起点跑向终点，在接近体操垫时双腿蹬地的同时双手撑在体操垫的边缘，爬上体操垫之后再爬下体操垫，到达终点后绕过雪糕筒从场地两侧返回。

【游戏建议】

1. 当体操垫具有一定的高度时，教师要讲解安全落地的方法：双脚落地，屈膝缓冲。

2. 小朋友在翻越围墙时，教师要在一旁做好保护与帮助。

六、平衡类游戏

田埂探险

【适合年龄段】

小班。

【游戏准备】

平衡木、纸砖、雪糕筒。

【游戏目标】

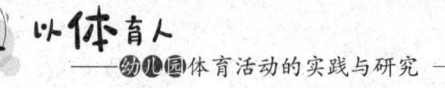

1. 能在较窄的低矮平衡木上行走,并越过平衡木上的障碍物。

2. 敢于挑战不同难度的任务,不怕困难。

【游戏情境】

今天,我们要去乡村田埂小道"探险",在路上可能会遇到很多困难,希望小朋友们能大胆尝试,不怕困难。

【游戏玩法】

1. 小朋友呈一列纵队,跟在教师的身后,沿着地面的直线行走(如果地面没有直线可以选一个目标,走直线过去),在行进的过程中,教师可以改变行走速度和节奏。

2. 教师在场地上摆放两条平衡木,就像两条田埂小道,在场地远端放置两个雪糕筒作为终点。小朋友呈两列纵队,依次走上平衡木,教师在一旁做好保护与帮助。当小朋友走下平衡木之后,快速跑向终点后,从场地的两侧慢跑回起点。

3. 接着,教师在平衡木上的中间放置一块纸砖当作障碍物,在越过纸砖时,小朋友要单脚站立保持身体平衡。当小朋友完成挑战之后,可以增加纸砖的数量,提高障碍物的高度或宽度。

【游戏建议】

1. 当小朋友想抓住一些可以扶的东西的时候,教师可以先观望幼儿是否能克服自身的心理障碍努力向前进,不要急于直接给予帮助。

2. 可以用雪糕筒、海绵棒等器材当作障碍物,增加游戏的趣味性。

齐心协力过小桥

【适合年龄段】

中班。

【游戏准备】

轮胎若干、雪糕筒。

【游戏目标】

1. 能在柔软、低矮的轮胎上行走，发展动态平衡能力。

2. 能互帮互助，运用合作的方法完成任务。

【游戏情境】

在回家的路上，有一座长长的轮胎桥，我们要安全地通过轮胎桥，不能掉进轮胎的洞里面了。

【游戏玩法】

1. 教师在场地上摆放两列轮胎，就像两条轮胎桥，在场地远端放置两个雪糕筒作为终点。小朋友呈两列纵队，依次走上轮胎桥，当小朋友走下轮胎桥之后快速跑向终点，从场地的两侧慢跑回起点。在探索阶段，允许小朋友用手扶着轮胎通过轮胎桥。当小朋友积累了丰富的经验之后，鼓励他们站起来，张开双手维持身体的平衡。

2. 接着，在游戏过程中增加音乐控制，当音乐停止的时候，正在行进当中的小朋友要变成"木头人"，站在轮胎上保持平衡不能动；当音乐开始时，可继续前进。

3. 两人一组面对面走上轮胎，双手贴在一起横向移动，合作过轮胎桥。当音乐停止的时候，正在行进当中的两个小朋友要停下合作摆一个造型，并保持几秒钟的时间；当音乐开始时，可继续前进。

【游戏建议】

1. 鼓励小朋友大胆尝试，当站不稳的时候，可以蹲下用手扶轮胎。

2. 进行合作游戏时，鼓励能力强的小朋友照顾能力弱的小朋友。

挑战瑜伽砖

【适合年龄段】

大班。

【游戏准备】

瑜伽砖若干。

【游戏目标】

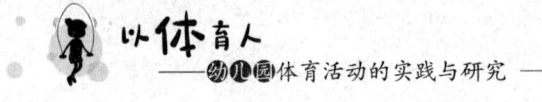

1. 能在低矮、有一定间隔的物体上行走，发展动态平衡能力。

2. 敢于接受挑战，完成不同难度的任务，增加自信心。

【游戏情境】

教师将瑜伽砖连在一起，在场地上围成了一个长方形。今天，小朋友们有一个特殊的挑战，需要在瑜伽砖上完成很多不同难度的任务。

【游戏玩法】

1. 小朋友站在瑜伽砖围成的长方形外围。当听到音乐后，小朋友在教师的带领下慢跑；当音乐停止后，小朋友要快速地跳上瑜伽砖，并保持身体稳定；当音乐再次响起后，小朋友走下瑜伽砖，继续慢跑。

2. 接着，教师慢慢减少瑜伽砖的数量，使瑜伽砖与瑜伽砖之间保持一定的间隔，但间隔不要过大。

3. 小朋友分成两队，分别在长方形的对角处准备。小朋友依次走上瑜伽砖，遇到有间隔的地方，要保持身体平衡跨过去。完成任务后，教师可以设置几个挑战点，垒高瑜伽砖，增加游戏难度。

【游戏建议】

1. 教师要准备数量充足的游戏材料，满足小朋友游戏的需要。

2. 鼓励小朋友自己设置挑战点。

七、球类游戏（篮球、足球）

红绿灯

【适合年龄段】

小班。

【游戏准备】

篮球若干、红色和绿色的圆盘各一个。

【游戏目标】

1. 通过滚球、拍球等动作，提高手指和手腕的灵敏性，发展上肢肌肉力量。

2. 通过听信号做动作，培养规则意识、养成遵守纪律的好习惯。

【游戏情境】

小朋友们，你们认识交通信号灯吗？遇到绿灯我们应该怎么做？遇到红灯我们应该怎么做？今天，我们带着篮球宝宝一起玩游戏，要遵守交通规则。

【游戏玩法】

1. 教师手上有一个红色的圆盘，一个绿色的圆盘。红色的圆盘代表红灯；绿色的圆盘代表绿灯。小朋友双手抱着篮球，当教师拿出绿灯时，小朋友跟着教师往前走；当教师拿出红灯时，小朋友要马上停下来。如此多次重复游戏。

2. 滚球游戏。小朋友将篮球放在地上，当教师拿出绿灯时，小朋友双手滚球往前走；当教师拿出红灯时，小朋友要马上停下来，并将篮球抱在手上。如此多次重复游戏。

3. 拍球游戏。小朋友将篮球放在地上，当教师拿出绿灯时，小朋友双手或单手拍球往前走；当教师拿出红灯时，小朋友要马上停下来，并将篮球抱在手上。如此多次重复游戏。

【游戏建议】

在游戏过程中，教师可以增加与小朋友之间的互动。比如，当红灯停的时候，教师可以轻轻拍打小朋友手上的篮球，看是否能将篮球拍掉。

拯救小猪

【适合年龄段】

中班。

【游戏准备】

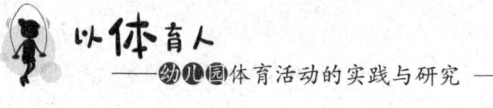

篮球若干、呼啦圈四个（直径90厘米左右）。

【游戏目标】

1. 巩固单手运球技能，提高手的灵敏性与协调性，发展上肢肌肉力量。

2. 培养合作、互助的社会交往能力。

【游戏情境】

小朋友们，今天，我们要变成勇敢的猪猪侠，去拯救我们的同伴。

【游戏玩法】

1. 巡逻游戏。每位小朋友拿一个篮球站在起点处，变身"猪猪侠"。当听到音乐时教师会发出"出发"的口令，"猪猪侠"外出巡逻，在场地内自由运球，不能碰到同伴；当音乐停止时教师会发出"集合"的口令，"猪猪侠"迅速集合，单手运球回到教师的身边。

2. 拯救同伴。男孩子扮演"猪猪侠"站在起点处，女孩子扮演"小猪"站在男孩子的对面，相隔8米左右。"小猪"掉进了呼啦圈做成的"陷阱"中，"猪猪侠"要从起点运球出发拯救"小猪"，到达"陷阱"后，牵着"小猪"的手一起运球返回。

3. 交换角色。男孩子和女孩子互换角色，重新开始游戏。

大嘴鳄鱼

【适合年龄段】

大班。

【游戏准备】

足球若干、体操垫若干（1.2米×2.4米）。

【游戏目标】

1. 巩固运球、停球的基本技能，发展身体灵敏性和协调性。

2. 能全神贯注地投入游戏当中，敢于接受挑战。

【游戏情境】

小朋友们,在我们的操场上有一只调皮的鳄鱼,它非常喜欢圆圆的玩具,比如你们脚下的足球。待会儿鳄鱼出现的时候,你们一定要保护好足球,不要被鳄鱼抢走了。

【游戏玩法】

1. 小朋友每人一个足球,分散在场地的四周。当听到音乐时,小朋友在场地上自由运球;当音乐停止时,教师会发出"鳄鱼来了"的指令,小朋友要马上停止运球,并将球踩在脚下。教师轻轻踢小朋友脚下的球,看是否能将足球抢走。

2. 教师将一张体操垫打开,竖放在场地上,就像鳄鱼的大嘴巴。小朋友在场地上自由运球,不能将球踢到鳄鱼的嘴巴里面。如果不小心踢进去了,要马上把足球带出来。随着游戏的进行,教师可以增加体操垫的数量和改变体操垫的位置,从而增加游戏的趣味性和挑战性。

3. 小朋友在场地上自由运球,教师双手提起体操垫,不断合拢和张开体操垫并在小朋友的身边游走,就像鳄鱼在合拢和张开嘴巴。小朋友要集中注意力、灵活运球,躲避鳄鱼的大嘴巴,不能让足球滚到鳄鱼的嘴巴里面。

【游戏建议】

在小朋友躲闪的过程中,教师要提醒他们注意安全、注意力集中,除了要避开鳄鱼,还要避开身边的同伴,以免发生碰撞。

八、综合类游戏

好玩的呼啦圈

【适合年龄段】

小班。

【游戏准备】

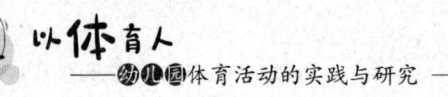

呼啦圈若干。

【游戏目标】

1. 探索同种材料的多种玩法,发展身体灵敏性和协调性。

2. 能够在模仿中学习,敢于大胆尝试。

【游戏玩法】

1. 教师将呼啦圈间隔一定距离随机摆放在场地当中,像一间一间的房子。当音乐开始时,小朋友跟着教师在场地中绕着呼啦圈慢跑;当音乐停止并听到"回家啦"的口令后,小朋友每人找一个呼啦圈,站在其中。如此重复游戏,小朋友充分活动身体,进入运动状态。

2. 小朋友将呼啦圈拿在手中,教师抛出问题,"你们觉得呼啦圈除了像房子以外,还像什么?呼啦圈除了放在地上外,还可以怎么玩呢?"小朋友们自由探索呼啦圈的玩法,可以转动、向前抛、在地上滚等。教师可以选择几种安全、有趣的玩法,带着小朋友们一起玩。

3. 呼啦圈还可以变成一列小火车。小朋友将呼啦圈放在地上,连成一列,小朋友可以依次双脚跳过呼啦圈。接着,教师可以引导小朋友改变呼啦圈的摆放方式,延伸出双脚跳、单脚跳、开合跳等动作。

【游戏建议】

1. 在知道器材的玩法和简单功能后,鼓励小朋友根据要求积极尝试新玩法。

2. 当小朋友出现危险的玩法时,要及时制止和进行安全教育。

报纸大作战

【适合年龄段】

中班。

【游戏准备】

报纸若干、透明胶带、篮子两个。

【游戏目标】

1. 探索报纸的多种玩法，发展上肢肌肉力量。

2. 能够大胆尝试，培养创造性思维。

【游戏玩法】

1. 教师给每位小朋友发一张报纸。进行两项挑战任务：挑战一，小朋友站在原地，怎样不借助手的帮助，让报纸在自己的身体上不掉下来；挑战二，小朋友从起点前往终点，怎样不借助手的帮助，让报纸在自己的身体上不掉下来。教师可以请一些有奇思妙想的小朋友进行展示。

2. 小朋友将报纸交到教师手中。小朋友站在起点，教师站在终点，相隔5米左右。教师在终点随机将报纸横放或者竖放，小朋友从起点跑到终点，用自己的方法将教师手上的报纸分成两半，可以用手劈、用脚踢，也可以击打。

3. 小朋友将报纸揉成小纸球，并用透明胶带简单固定。小朋友站在起点，教师站在终点，相隔5米左右。教师在终点左右手各拿一个篮子，小朋友将手中的纸球投向篮子。如果投中，则得1分；如果没投中，则不得分。

【游戏建议】

1. 给予小朋友充足的自由探索和体验的时间。

2. 当小朋友出现富有创意的想法时，教师可以请小朋友进行展示，并邀请其他小朋友进行模仿。

躲避绳子

【适合年龄段】

大班。

【游戏准备】

长绳两根。

【游戏目标】

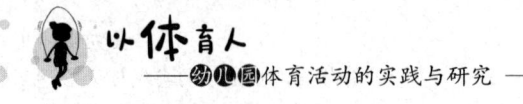

1. 通过跑、跨、跳等动作，发展身体的灵敏性与协调性。

2. 敢于尝试，全神贯注地参与到游戏当中。

【游戏玩法】

1. 教师将长绳横放在场地中央。小朋友呈两排横队站在起点，与对面的终点相隔10米左右。第一排和第二排的小朋友先后从起点跑向终点，不能踩到绳子。接着，两名教师拉着绳子的两端，慢慢增加绳子与地面的高度，小朋友可以选择安全、合适的方法躲避绳子，比如双脚跳、跨跳、钻等。

2. 两名教师拉着绳子的两端双手举过头顶，游戏开始时，教师慢慢降低绳子高度，小朋友要在绳子落地之前，全部到达终点，身体不能碰到绳子。

3. 小朋友散开站在场地的中央，两名教师拉着绳子的两端，随机将绳子放在肩膀的高度、腰部的高度或者膝盖的高度，迅速向小朋友靠近，小朋友要根据绳子的高度，选择安全、合适的方法躲避绳子，身体不能被绳子缠住。

【游戏建议】

1. 教师要根据小朋友的运动能力水平，制定相应的挑战难度。

2. 可以利用游戏间歇，引导小朋友归纳与总结躲避绳子的技巧。

第六章

大型体育活动的实践与研究

幼儿园大型体育活动是指有目的、有计划、非个别班级师生参与、具有一定规模的体育类的教育活动。

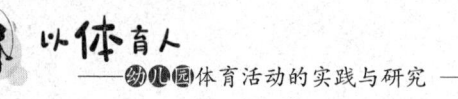

第一节 大型体育活动的意义

幼儿园大型活动可为幼儿创设展示自我与社会交流的平台，促进幼儿整体素质的提升；综合展示幼儿园教育特色与成果，是幼儿园素质教育的重要组成部分；加强幼儿园与家长、社会的沟通，促进交流，获得理解与支持；加大幼儿园对外宣传力度，提升幼儿园品牌。

一、为幼儿创设展示自我与社会交流的平台，促进幼儿整体素质的提升

幼儿园大型体育活动在促进幼儿整体素质提升方面扮演着重要的角色。通过活动的组织和实施，可以为幼儿提供一个展示自我、与他人交流的平台，从而促进他们的社会化发展和身心健康。

（一）幼儿园大型体育活动可以为幼儿提供一个展示自我、体验成功的平台

在活动中，幼儿可以根据自己的兴趣和能力，参加各种体育项目，如爬行、跑步、投掷、跳绳、走平衡木等。通过参与比赛或表演，幼儿可以展示自己的运动能力和个性特点，体验成功的感觉，增强自信心。同时，这样的平台也让幼儿有机会了解自己的优点和不足，为他们的自我认知和自我发展提供了机会。

比如，孩子们可以参加各种比赛项目，如短跑、长跑、跳远、投掷等。在这些项目中，有些孩子可能擅长短跑，能够在短时间内快速奔跑并

获得好成绩;有些孩子更擅长跳远,能够跳出更远的距离;而有些孩子则喜欢投掷,能够将沙包等物品扔得非常远。这些不同的运动项目让每个孩子都有机会展示自己的运动能力和个性特点,从而增强自信心和自尊心。

(二)幼儿园大型体育活动可以促进幼儿的社会化发展

在活动中,幼儿需要与他人互动和交流,如与同伴共同完成比赛、与裁判员交流比赛规则等。这些互动和交流机会可以帮助幼儿培养团队合作精神、沟通技巧和社交能力。幼儿们可以通过团队合作完成接力赛、拔河等集体项目,体验团队合作的力量和快乐。

例如,在接力赛中,孩子们需要分成几个小组,每个小组的孩子们需要一起完成接力棒的传递。在这个过程中,孩子们需要相互配合、相互协作,才能够顺利完成比赛。通过这样的团队合作,孩子们可以学会如何与他人合作、如何相互配合、如何协调不同个体之间的需求和目标。这样的能力对于他们日后的生活和工作都非常重要。

(三)幼儿园大型体育活动也可以促进幼儿的身心发展

在体育活动中,幼儿需要进行适量的身体活动,增强身体素质和免疫力。同时,通过参与不同类型的体育项目,幼儿可以培养自己的运动技能和兴趣爱好,为未来的学习和生活打下基础。通过参加跳绳、跑步等体育项目,幼儿可以锻炼身体的速度和耐力,提高身体的协调性和灵敏性。这些运动技能的掌握也为幼儿日后参与更高级别的体育比赛或活动提供了机会。

例如,跳绳是一项非常适合幼儿的体育活动。通过跳绳,孩子们可以锻炼腿部肌肉,增强心肺功能,提高身体的协调性和灵敏性。同时,跳绳也可以培养孩子们的节奏感和耐心,让他们学会集中注意力。在跳绳的过程中,孩子们可以逐渐掌握更多的技巧和技能,比如如何跳跃更加稳定、如何控制跳绳的节奏等。

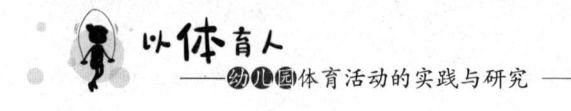

（四）幼儿园大型体育活动还可以促进家庭和社会的支持与参与

在活动中，家长可以亲自参与到孩子的比赛中，为他们加油助力。同时，通过观看比赛和了解幼儿园的教育理念和成果，家长可以更好地理解孩子的成长需求和发展方向，为家园合作提供更好的支持。此外，社会的支持和参与也可以为幼儿园的教育工作提供更多的资源和帮助，共同促进幼儿的全面发展。

二、综合展示幼儿园教育特色与成果，是幼儿园素质教育的重要组成部分

幼儿园大型体育活动是幼儿园素质教育的重要组成部分，它可以综合展示幼儿园的教育特色和成果。

（一）展示幼儿园体育课程的设置

幼儿园可以通过组织体育活动和比赛，展示自己在体育教育方面的特色和成果。例如，在幼儿园运动会上，可以设置各种体育项目的比赛，如跑步、跳远、投掷、跳绳等。这些比赛和表演可以让家长看到幼儿园体育课程的设置和实施情况，了解幼儿园在体育教育方面的重视程度和实施情况。

（二）展示幼儿园对幼儿运动技能的培养

在体育活动中，孩子们可以通过参与各种体育项目，展示自己所学的运动技能。例如，在幼儿园运动会上，孩子们可以参加篮球、足球项目的比赛，展示他们所学的运球、传球等运动技能。这不仅可以展示幼儿园对孩子们运动技能的培养成果，也可以激发孩子们对体育活动的兴趣和热情。

（三）展示幼儿园对幼儿身心发展的关注

在体育活动中，幼儿园可以组织一些具有趣味性和教育性的体育游戏，这些游戏可以让孩子们在快乐中得到身心的锻炼和发展。例如，在幼儿园运动会上，可以组织一些团队拓展游戏，如小推车接力赛、跑跳障碍赛等，这些游戏不仅可以增强孩子们的团队合作精神，也可以促进他们的

身心发展。通过这些活动，家长可以看到幼儿园对幼儿身心发展的关注和重视。

幼儿园大型体育活动可以促进幼儿园素质教育的开展，提高幼儿的身体素质和综合能力，为幼儿的全面发展打下坚实的基础。在体育活动中，孩子们可以锻炼身体、提高身体素质，同时也可以学习到团队合作、沟通技巧等社交能力，这样的综合发展正是幼儿园素质教育的目标之一。通过组织幼儿园大型体育活动，可以让幼儿园的素质教育得到更好的实施和发展。

三、加强幼儿园与家长、社会的沟通，促进交流，获得理解与支持

幼儿园大型体育活动可以加强幼儿园与家长、社会的沟通，促进交流，获得家长和社会的理解和支持。这样的活动可以让家长更加信任和理解幼儿园的教育工作，也可以为社会带来更多的关注和资源。因此，幼儿园应该注重组织多样化的体育活动，为幼儿提供更多的锻炼和发展机会，同时也为家园合作和社会发展做出积极的贡献。

（一）加强幼儿园与家长的沟通

在幼儿园大型体育活动中，家长可以亲临现场，观看孩子的比赛和表演，了解孩子在体育活动中的表现和进步。通过与教师的交流，家长可以更好地了解孩子在幼儿园的情况，共同关注和促进孩子的成长。例如，在亲子运动会上，家长和孩子可以一起参加各种运动项目，通过合作和交流，增强亲子关系，同时也让家长更好地了解幼儿园的教育理念和成果。这样的沟通可以让家长更加信任和理解幼儿园的教育工作，也可以促进家园合作和共同发展。

（二）加强幼儿园与社会的沟通

幼儿园大型体育活动还可以加强幼儿园与社会的沟通。在活动中，社会各界可以了解到幼儿园的教育理念和成果，同时也可以看到孩子们的活

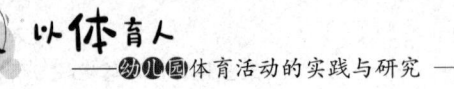

力和潜力。这样的沟通可以让社会更加关注和重视幼儿园的教育工作，也可以为幼儿园带来更多的支持和资源。

幼儿园大型体育活动是一个交流和互相了解的平台。在活动中，家长、教师和社会可以相互交流和了解，共同关注和促进孩子们的成长。这样的交流可以让人们更加了解彼此的想法和需求，也可以为孩子们的成长提供更多的支持和帮助。

四、加大幼儿园对外宣传力度，提升幼儿园品牌

幼儿园大型体育活动可以加大幼儿园对外宣传力度，提升幼儿园品牌知名度。通过组织体育活动和游戏，展示幼儿园的教育特色和成果，吸引更多家长和社会的关注，提高幼儿园的知名度和影响力，为幼儿园的品牌建设打下坚实的基础。因此，幼儿园应该注重组织多样化的体育活动，为幼儿提供更多的锻炼和发展机会，同时也为幼儿园的品牌建设和对外宣传做出积极的贡献。

首先，在幼儿园大型体育活动中，幼儿园可以组织各种体育活动和游戏，向外界展示幼儿园的教育特色和成果。例如，可以通过体育比赛和表演，展示幼儿园对幼儿运动技能的培养，以及幼儿园体育课程的设置和实施情况。这样的展示可以让家长和社会更好地了解幼儿园的教育理念和成果，增加对幼儿园的信任感和认同感。

其次，幼儿园大型体育活动是一个公众关注度较高的活动，可以通过媒体报道、网络传播等方式，吸引更多家长和社会的关注。这样的关注可以让幼儿园获得更多家长和社会的支持，提高幼儿园的知名度和影响力。

第二节　大型体育活动的特点

幼儿园大型体育活动的特点为：具有鲜明的目的性，周密的计划性和操作性，以及社会化特征和传媒性特征。

一、鲜明的目的性

幼儿园的各项活动都应有明确的目的，大型活动涉及人员广，更应目的明确，使全园朝向目标共同努力。在幼儿园大型体育活动中，各项活动都应具有鲜明的目的性，这是保证活动效果和实现活动目标的重要前提。

首先，鲜明的目的性可以帮助幼儿园在组织大型体育活动时更加聚焦和有针对性。在制订活动计划时，幼儿园应根据教育目标、幼儿的发展阶段和兴趣爱好等因素，明确活动的目的和主题。例如，可以组织以"健康快乐"为主题的体育活动，通过各种运动项目和游戏，引导幼儿养成健康的生活习惯，增强身体素质，提高快乐感受能力；可以组织以"团队协作"为主题的体育活动，通过集体项目和合作游戏，培养幼儿的团队协作精神和集体荣誉感。

其次，鲜明的目的性可以激发幼儿参与活动的积极性和主动性。当幼儿明确了解活动的目的和主题时，他们会更加有目的地参与活动，积极与他人合作，努力完成活动目标。例如，在以"健康快乐"为主题的体育活动中，幼儿会更加注重锻炼自己的身体，努力完成各项运动项目，体验运动带来的快乐；在以"团队协作"为主题的体育活动中，幼儿会更加注重

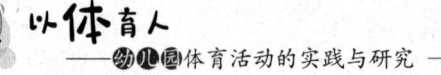

与他人的合作，互相帮助，共同完成任务，体验团队协作的力量。

最后，鲜明的目的性可以帮助家长和社会更好地理解和支持幼儿园的大型体育活动。当家长和社会了解活动的目的和主题时，他们会更加愿意参与其中，与幼儿园共同促进幼儿的发展。例如，在以"健康快乐"为主题的体育活动中，家长可以与幼儿一起参与运动项目，共同促进幼儿身体健康和快乐感受能力的发展；在以"团队协作"为主题的体育活动中，家长和社会可以积极参与其中，与幼儿园共同培养幼儿的团队协作精神和集体荣誉感。

可见，幼儿园大型体育活动中的各项活动都应有明确的目的性，这是保证活动效果和实现活动目标的重要前提。幼儿园应根据教育目标、幼儿的发展阶段和兴趣爱好等因素，明确活动的目的和主题，激发幼儿参与活动的积极性和主动性，同时也让家长和社会更好地理解和支持幼儿园的大型体育活动。

二、周密的计划性和操作性

幼儿园大型体育活动参与的主要对象是幼儿，因此策划应该针对幼儿身心发展水平较低、自我保护能力较差等特点，制定得周密、详尽而具体。专人负责，责任到人，这是保证活动安全和有效的重要措施。

（一）周密的计划性

周密的计划性是策划大型体育活动时必须考虑的重要因素。由于幼儿群体的特殊性和大型体育活动的复杂性，周密的计划可以确保活动的顺利进行。在制订活动计划时，需要考虑以下几个方面：

（1）活动场地的选择和布置：选择适合幼儿身心发展水平的场地，如户外操场、公园等，并进行合理的布置。

（2）活动时间和安排：根据活动的内容和目的，合理安排活动时间和日程，确保活动的连贯性和有效性。

（3）参与人员和角色分配：确定参与活动的人员，包括幼儿、家长、教师等，并分配好各自的角色和任务。

（4）安全措施和应急预案：针对幼儿身心发展水平较低和自我保护能力较差等特点，制定安全措施和应急预案，确保活动安全。

（二）操作性

操作性也是策划大型体育活动时需要考虑的重要因素。为了确保活动的可操作性，需要考虑以下几个方面：

（1）活动内容和形式的选择：选择适合幼儿身心发展和兴趣爱好的活动内容和形式，如体育游戏、运动比赛等。

（2）活动道具和器材的准备：根据活动需要，准备合适的道具和器材，如运动器材、游戏道具等。

（3）活动规则和要求的明确：制定清晰的活动规则和要求，确保所有参与人员都能够理解和遵守。

（4）活动过程中的指导和监督：在活动过程中，需要进行及时的指导和监督，确保活动的顺利进行。

可见，幼儿园大型体育活动需要具备周密的计划性和操作性。周密的计划性可以确保活动的安全和有效性，操作性可以确保活动的顺利进行。

三、强调社会化与传媒性

大型体育活动是幼儿园教育的重要组成部分，它不仅是一项体育活动，更是一种社会化和传媒性的活动。其特点在于参与人数多，涉及面广，社会关注度高，因此社会化程度较高。

首先，大型体育活动的社会化程度较高，可以让幼儿园与社会更加紧密地联系在一起。通过与社会的互动，幼儿园可以更好地了解社会的需求和期望，不断改进自身的教育和服务，提高幼儿园的社会认可度。例如，在运动会中，可以邀请社区的居民、企业的代表等社会各界人士参与其中，与幼儿园进行互动和交流，便于相互了解和合作。

其次，大型体育活动是幼儿园传媒的窗口，可以通过幼儿园微信公众号、视频号等媒介传播幼儿园的教育品牌和特色。

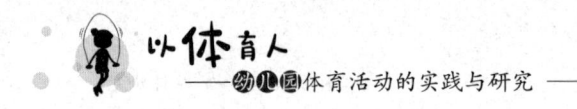

第三节　大型体育活动的组织与策划

幼儿园大型体育活动的组织与策划是成功举办大型体育活动的关键。在组织策划过程中，应选好主题，重视过程，注意总结，既要注重目的，更要关注园所实际情况，只有真正实现了管理的全过程，质量才会有保证。

一、幼儿园大型体育活动的计划

幼儿园大型体育活动的计划是保证活动成功的重要前提。一个周密、完善的计划不仅可以指导活动的实施，还可以提高活动的质量和参与者的满意度。因此，制订计划的过程中需要充分考虑各方面的因素，包括活动目的、参与对象、场地、时间、活动内容、安全措施等。

（一）计划要求

1. 目的明确

在制订活动计划时，需要明确活动的目的和意义，以便所有参与者都能够理解和支持活动。

2. 内容丰富

活动的内容应该丰富多彩，符合参与者的兴趣和需求，同时也要考虑到活动的教育意义。因此，需要设计多样化、有趣的活动项目，让孩子们能够尽情参与其中。

3. 安全第一

安全是活动计划中最重要的因素。在制订计划时，需要充分考虑安全措施和应急预案，确保活动安全。需要制定专业的安全方案和应急预案，并对参与者进行相关的安全知识培训。

4. 可操作性

计划的实施需要考虑到人力、物力、财力等实际情况，确保活动具有可操作性。因此，需要精细规划活动流程，合理利用场地和器材资源，确保每个环节的质量和效果。

（二）计划特点

1. 周密性

在制订幼儿园大型体育活动计划时，需要充分考虑到各种细节，包括场地选择、时间规划、参与对象的特点、活动内容的安排以及安全措施等。这些细节对于活动的成功与否至关重要。因此，计划必须周密、详尽，涵盖所有可能的情况和问题，以确保活动的顺利进行。

例如，在选择场地时，需要考虑场地的面积、设施、地形以及安全因素；在安排活动内容时，需要考虑参与对象的年龄、性别、体质以及活动的目的和效果；还需要制定详细的安全预案，包括应急措施、救援设备、人员配备等。

2. 灵活性

由于大型体育活动的复杂性和不确定性，计划需要具有一定的灵活性，能够根据实际情况进行调整和变化。在制订计划时，需要考虑到可能出现的各种因素，如天气变化、参与人数变动等。

例如，如果活动原定在室外进行，但当天突然下雨，那么计划需要及时调整，将活动转移到室内或更换为其他室内活动；如果参与人数超出预期，需要增加人员和设备的配置，以确保活动的顺利进行。

3. 针对性

计划的制订需要针对活动目的和参与对象的特点，确保活动能够达到

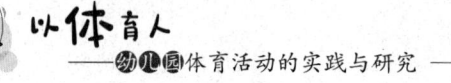

预期的目标。在制订计划时，需要了解活动的目标和参与对象的年龄、性别、体质等特点，并根据这些特点来制定适合的活动内容和安全措施。

例如，如果活动的目的是提高幼儿的团队协作能力和身体素质，那么可以设计一些团队游戏和简单的运动项目；如果参与对象是年龄较小的幼儿，需要考虑到他们的安全和兴趣，选择适合他们的活动和游戏；同时，针对不同年龄段和不同体质的幼儿，需要制定不同的活动方案和安全措施。

（三）计划方式

1. 组织会议

可以组织相关人员召开会议，如活动组织者、教师、安全人员等，共同讨论和制订活动计划。在会议上，可以充分讨论活动的目的、内容、时间、场地、参与对象以及安全措施等，集思广益，确保计划的全面性和可行性。通过会议还可以协调各部门和相关人员的职责和任务，明确工作分工，为活动的顺利进行提供保障。

2. 分工合作

可以将计划工作分工给不同的人员负责，各自负责一部分工作，最后汇总协调。这样可以充分发挥每个人的专业特长和经验，提高工作效率。例如，可以安排擅长策划的人员负责活动方案的制定，熟悉场地的人员负责场地的选择和布置，安全经验丰富的人员负责安全预案的制定等。在各自完成任务后，再进行汇总协调，确保计划的完整性和可行性。

3. 制定详细表格

可以制定详细的表格，列出活动的各个环节和细节，包括活动的时间表、场地安排、参与对象、活动内容、安全措施等。通过表格可以清晰地查看和调整活动的各个环节，便于发现问题并及时解决。同时，详细表格还可以作为活动实施过程中的参考和指导，确保活动的顺利进行。

二、幼儿园大型体育活动的实施

大型体育活动的实施是将纸上的计划变为具体行动的过程,是将活动方案付诸实践的重要环节。在实施过程中,需要从行政、教师、幼儿和家长等多个方面进行考虑和协调,确保活动的顺利进行。

(一)行政方面工作

(1)按照方案要求,分工负责,督促各方面的实施。行政人员需要根据活动方案的要求,分工负责,明确各自的职责和任务,并监督各方面工作的实施,确保工作顺利进行。

(2)根据具体情况,对方案在实施过程中出现的问题进行修改、完善。在活动实施过程中,可能会出现一些预料之外的情况,行政人员需要根据实际情况及时解决问题,并对活动方案进行修改和完善。

(3)根据活动的需要提供必要的物质保障。行政人员需要为活动提供必要的物质保障,包括场地、道具、服装等,确保活动的顺利进行。

(4)做好各方面的协调工作。行政人员需要在各部门、各人员之间进行协调,确保各方面的配合和协作,保证活动的顺利进行。

(二)教师方面工作

(1)写出具体的活动计划和实施计划,重点多考虑幼儿的参与。教师需要为活动制订具体的计划和实施计划,重点考虑如何让幼儿的参与度和参与效果达到最佳。

(2)做好充分的活动准备。教师需要提前准备好活动所需的道具、服装和场地等,确保活动的顺利进行。

(三)幼儿方面工作

1. 做好必要的心理准备

幼儿需要了解活动的目的和意义,并做好相应的心理准备,积极参与活动。

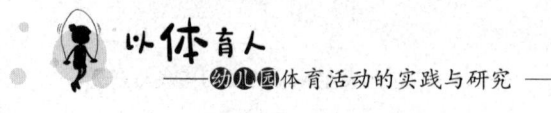

2. 做好一定的物质准备

幼儿需要根据活动的要求，准备好必要的物品，如道具、服装等。

（四）家长方面工作

（1）需家长配合对幼儿进行活动前相关方面的教育。家长需要在活动前对幼儿进行相关的教育，帮助他们更好地理解和参与活动。

（2）需家长进行的物质准备。家长需要根据活动要求，为幼儿准备好必要的物品和装备，如道具、服装等。

由此可见，在实施的过程中，园长扮演的角色是总调度、总导演、总监督，负责全面指导、协调和监督活动的进行。教师则是具体活动计划的执行者、实施者，负责活动的具体执行和实施。只有在活动中各司其职，才能保证活动的圆满进行。

三、幼儿园大型体育活动的检查

大型体育活动的检查工作包括活动准备的检查和活动过程的检查两个方面。

（一）活动准备的检查

活动准备的检查是为了确保活动的顺利进行。重在超前考虑，面面俱到。检查的内容包括活动场地、活动器材、活动方案、安全措施等。在检查过程中，需要充分考虑各种可能出现的情况和问题，并提前做好应对措施，以确保活动的顺利进行。

1. 检查活动场地

检查活动场地是否符合安全标准，包括场地的平整、无障碍物、无尖锐物品等。同时，需要检查场地的适应性，是否根据不同年龄段和不同体质的幼儿需求进行考虑，如提供适合幼儿的运动设施和器材。

2. 检查活动器材

检查活动器材是否符合安全标准，包括器材的可靠性、稳定性、舒适性等方面。同时，需要检查器材的数量和质量，是否能够满足活动需求。

3. 检查活动方案

检查活动方案是否科学、合理，是否符合幼儿的发展规律和兴趣爱好。需要检查活动方案的目标、内容、流程、安全措施等方面，确保活动能够有序、有效地进行。

4. 检查安全措施

检查安全措施是否完备，包括应急预案、救援设备、安全出口等方面。同时，需要检查安全措施的落实情况，是否能够有效地保障活动的安全。

（二）活动过程的检查

活动过程的检查是为了确保高质量地完成活动计划和实现活动目标，并使保教人员在活动过程中实现教育观念的转变和提高，使幼儿的身心健康在活动中真正得到发展。重在检查活动是否按方案进行，出现问题及时纠正，并根据具体情况及时补充和完善。在检查过程中，需要关注活动的实施情况，观察幼儿的表现和反应，评估活动的效果和质量，并及时总结经验和教训，为今后的工作积累经验，为下一次的活动总结积累数据。

1. 检查活动是否按方案进行

在活动过程中，需要检查活动是否按照方案进行，是否有偏离目标的现象。如果出现偏离目标的情况，需要及时纠正，以确保活动的质量和效果。

2. 检查活动过程中出现的问题

在活动过程中，可能会出现各种问题，如器材损坏、安全事故等。需要分析这些问题的原因和影响，并及时采取措施进行解决。

3. 及时总结经验和教训

在活动过程中，需要及时总结经验和教训，为今后的工作积累经验，为下一次的活动总结积累数据。同时，需要根据实际情况进行改进和完善，提高活动的质量和效果。

检查工作不仅是针对教师，更重要的是通过活动本身检查活动计划的科学性，为今后的工作积累经验，为下一次的活动总结积累数据。因此，大型体育活动的检查工作需要认真、细致地进行，以确保活动的顺利进行和达成预期目标。在检查过程中，需要采取科学、有效的检查方法，按照检查要求进行逐一检查，并及时处理出现的问题和安全隐患。同时，需要注重检查工作的记录和总结，为今后的工作提供参考和依据。

四、幼儿园大型体育活动的总结

幼儿园大型体育活动的总结是为了提高活动的质量和效果，同时也是为了推动幼儿园的发展和建设。在总结过程中，需要认真分析活动的不足之处，找出原因和依据，提出改进措施和方法，以不断提升工作质量和活动效果。同时，也需要注重提炼性总结，将优秀活动设计的成功之处提取出来，形成一套规范的操作流程或者方法，以便于今后在工作中加以应用。

（一）活动组织环节的总结

对活动的组织环节进行总结，包括行政、教师、幼儿等不同方面的总结。行政方面，需要总结活动的组织过程、实施效果、安全措施等方面；教师方面，需要总结活动的教育意义、活动设计、幼儿参与度等方面；幼儿方面，需要总结幼儿的参与情况、身体锻炼、社交能力等方面。通过这些方面的总结，可以全面了解活动的优点和不足之处，为今后的活动提供借鉴。

（二）活动质量评价的总结

对活动质量进行评价，重点放在活动过程中，幼儿、家长、社会、教师的参与程度和参与质量方面。评价活动的教育意义、活动设计、幼儿参与度等方面是否符合幼儿园教育目标和幼儿身心发展规律。同时，需要评价活动对儿童发展的影响、对幼儿园发展建设的影响等方面，以此评估活动的综合效果。

（三）活动成功与不足之处的总结

在总结过程中，需要认真总结活动成功与不足之处。成功的方面，需要总结成功的原因和成功的方法，例如活动组织得当、活动内容符合幼儿兴趣、活动场地安全等；对于不足的方面，需要认真总结原因，例如活动组织不够严密、活动内容难度不适宜、活动场地存在安全隐患等。通过总结成功与不足之处，可以为今后的活动提供借鉴和改进的方向。

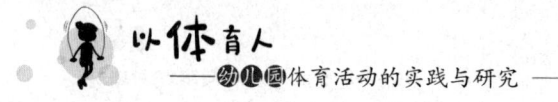

第四节　大型体育活动实践案例

×××幼儿园亲子运动会计划

一、活动目的

父母和孩子的一个微笑、一次拥抱，构成人生旅途中亮丽的风景线，陪伴着我们从幼儿成长到青年。亲情是我们人间永恒不变的主旋律，孩子与父母之间的共同生活、交往、探索、游戏等是其学习的重要途径之一。我园开展亲子趣味运动会，旨在以亲缘关系为主要维系基础，以孩子与家长互动游戏为核心内容，全方位开发孩子的多种能力，增进亲子关系和促进孩子身心健康发展。同时，家长也可以通过观察、亲身体验，感受如何引导孩子参与亲子活动。

二、前期工作

（一）活动宣传

在当下互联网时代，利用微信公众号对活动目的、活动流程、活动要求多方面宣传，让全园师生、家长对活动信息可以得到全方面的了解。

负责人：×××

（二）活动物质准备

（1）场地准备：运动场。

负责人：×××

（2）场地音响设备：外租一套户外运动场专用音箱。

负责人：×××

（3）活动现场布置：喷画板、门口迎接氛围布置。

负责人：×××

（4）奖品：每个家庭奖励一小包蔬菜。

负责人：×××

（5）椅子：每位家长一张椅子。

负责人：×××

（6）场地分区划线：足球场为主场地，每个班级活动比赛空间宽为7.5米，分班分年级划分区域。

负责人：×××

（三）活动安全准备

（1）活动邀请函：每位家长身上贴身份贴纸，凭贴纸进入运动场。（美术专科人员负责设计贴纸）

负责人：×××

（2）安保准备：活动当天报备保卫处，我园保安保证运动场门口出入人员安全。

负责人：×××

（3）现场医务安排：设立医生定点位置，预防突发意外事故。

负责人：×××

（四）班级活动准备

（1）对本班家长及幼儿进行运动会举办方案的宣传、解读。

（2）组织班级进行入场仪式排练。

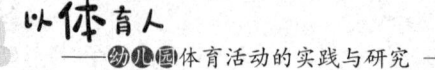

（3）活动当天组织班级家长及幼儿进行比赛（包括比赛人员安排、活动秩序）。

（4）组织班集体布置大本营。

（5）配合活动组织者的其他工作。

三、活动当天安排

（1）活动时间：2024年12月13日。

（2）主持：×××

（3）音乐：×××

（4）裁判。

① 裁判长：×××

裁判长的主要任务是组织各裁判员及时摆放比赛器械、协调各裁判员工作和示范比赛项目。

② 裁判员：×××，×××

（5）活动秩序保障。

安保人员：主要任务是提醒运动员尽快进场和保证活动期间班级纪律，保证每个班幼儿与家长能坐下观看比赛。

（6）录像、摄影：×××

（7）后勤保障。

后勤人员：负责水吧摆放、奖品准备。

（8）活动重要说明。

① 每个班在指定位置布置班级大本营，营造浓烈的班级氛围；

② 给每人准备一张座椅，放在大本营，保证幼儿和家长能坐下观看比赛；

③ 每个班只能派出两名家长在固定位置录像和拍摄，不参加比赛的其他家长与幼儿一律不许离开大本营位置，以免影响比赛；

④ 班级教师合理分配工作，主班老师组织并带领运动员到比赛地点参加比赛，副班老师安排好下一轮比赛人员，并和保育老师一起管理好本班纪律，严禁离开岗位。

四、运动会流程

（1）开幕仪式。

① 运动员进场。（×××负责培训国旗队列）

各班挑选出一名幼儿一起手拿国旗绕场地走一圈，紧随其后的是各班运动员进场，每班一方队，各设特色。

② 家长代表、幼儿代表讲话。

③ 园领导宣布开幕。

（2）热身操。

（3）亲子互动操（"抱抱我的宝贝"）。

（4）各年级组项目比赛。

共三个比赛游戏项目，每个游戏项目玩两轮，班级幼儿与家长分两队，每位家长和幼儿都能参与到每一个游戏比赛。

比赛项目：

① 推小猪接力赛。

一名家长和一名幼儿为一组，一名幼儿坐在推车里，家长推着幼儿往前跑，绕过障碍物后返回并接力（大班15组、中班17组、小班15组为一轮比赛，进行两轮）。

安全提示：家长在玩游戏时要注意观察孩子和路线，预防翻车，控制好速度。

② 抬小猪接力赛。

两名家长和一名幼儿为一组，一名幼儿双臂用力挂在棍子上，由两名家长抬着跑，到达椅子位置停下来。一名家长拿起气球并吹大，放在椅子上，另外一名家长抱起幼儿把气球坐爆，如果孩子不敢坐气球，由家长抱

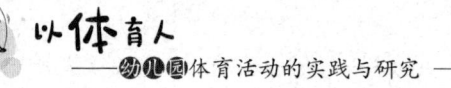

着幼儿一起坐爆。然后返回并接力（大班15组、中班17组、小班15组为一轮比赛，进行两轮）。

安全提示：在玩游戏过程中，幼儿是离开地面，双手抓棍子保持身体平衡的，请家长一定要控制好速度，观察并保护好幼儿，特别注意当孩子身体有往前或往后倾斜时一定要停下来，调整好孩子的身体位置再重新出发，避免发生孩子摔伤事故。

③拉小猪接力赛。

玩法一：一名家长和一名幼儿为一组，一名幼儿趴在软垫上，手抓软垫边缘，家长拉着跑，绕过障碍物后返回并接力（大班15组、中班17组、小班15组为一轮比赛，进行两轮）。

安全提示：家长在玩游戏时要注意观察孩子和路线，预防孩子在拉跑的过程中脱落，控制好速度。

玩法二：一名家长和一名幼儿为一组，一名幼儿坐在轮胎上，手抓绳子，家长拉着跑，绕过障碍物后返回并接力（大班15组、中班17组、小班15组为一轮比赛，进行两轮）。

安全提示：家长在玩游戏时要注意观察孩子和路线，预防孩子在拉跑的过程中脱落，控制好速度。

（5）亲子温情游戏（给爸爸妈妈按摩、超级滑滑梯）。

老师注意事项：

① 班上老师一定要提前安排好每个项目参加的家长和幼儿，每一轮参加的人员一定要清楚，每个项目比赛开始前人员一定要迅速到位。

② 要提前让家长和幼儿熟知比赛规则。

③ 裁判组准备比赛所需要的器械。

④ 每个项目开始前教师示范规则。

⑤ 比赛过程中，尽量配合裁判工作，不要现场和裁判争论任何不公平的比赛结果。

比赛的结果并不是很重要，在活动过程中让家长和幼儿体会到快乐才是重要的，希望老师能在运动会进行期间配合工作，不分彼此，我们都是幼儿园的主人。

五、经费预算

（1）户外音响设备租赁：×××元左右。

（2）奖品：全园每个孩子人手一个奖品，篮球×××个，足球×××个。

（3）环境布置：背景墙、装饰户外比赛场地。

小班级"大力士爸爸"拔河比赛方案

一、活动意图

爸爸这一角色在孩子的成长道路上有着不可或缺的作用。在现代家庭中，爸爸在孩子心目中的形象是繁忙、威严，孩子与爸爸接触交流的机会甚少。"爸爸"是孩子们最熟悉的亲人，"我的爸爸"也是孩子们比较熟悉的话题，比较容易引起他们积极而有趣的交谈，也基本符合小班幼儿的年龄特点和他们已有的经验。结合本次主题活动"我爱我家——我的爸爸"，活动前期以绘本《我爸爸》引入，开展了解爸爸的工作、夸夸爸爸的本领、送给爸爸领带等系列活动，体验和爸爸在一起时的愉快、甜蜜、安全感，增进父子间的亲情。通过邀请爸爸来园参与"大力士爸爸"拔河比赛活动，让幼儿与家长一起体验运动的快乐，加强家长与孩子之间的情感交流，从而也激发幼儿参加体育活动的兴趣。

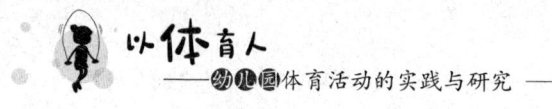

二、活动时间

2019年3月28日上午9：30—10：40。

三、活动地点

幼儿园总部跑道。

四、活动形式

每个班8位家长参与拔河比赛，比赛共两轮。

第一轮：以抽签的方式选择对赛班级与比赛顺序（各班派代表抽签，按照数字结果1∶1，2∶2，3∶3）。

第二轮：第一轮胜出的三个班级以抽签的方式（1，2，3）决定哪个班级拥有选择挑战对象的优先权，选择对赛班级。

五、活动准备

活动报名：在班级微信群征集10位爸爸，2位妈妈（后勤）。

幼儿发出邀请函，邀请×××老师担任主持人。

活动音乐：幼儿入场音乐、家长入场音乐、比赛背景音乐、幼儿退场音乐。

场地布置：各班老师、两位家长（义工）提前一天布置场地。

场地位置安排如下。

饮水处（冲浪区上面）				饮水处（轮胎旁）	
各班家长席（提前安排摆放椅子位置）					
格桑花小班	紫荆花小班	芭乐小班	樱桃小班	柠檬小班	萤火虫小班
比赛场地：跑道					
奖品展示区（黄槐树下）		活动展板（瓜棚）		斜坡（入场处）	

奖品展示：6张奖状（A3规格），各班提前准备小礼品。

提前准备长度合适的大绳，两个保温桶，纸杯若干，纸巾放于饮水处。

幼儿统一穿秋季园服，可戴遮阳帽，各班自行准备助威喝彩道具。

六、活动流程

活动时间	活动内容
9：20—9：30	幼儿入场就坐。
9：30—9：45	各班家长入场（展示队形、口号）。
9：45—10：20	拔河比赛 第一轮：以抽签的方式选择对赛班级与比赛顺序（各班派代表抽签，按照数字结果1：1，2：2，3：3）。 第二轮：第一轮胜出的三个班级以抽签的方式（1，2，3）决定哪个班级拥有选择挑战对象的优先权，选择对赛班级。
10：20—10：40	1.颁奖仪式：由园长对获奖班级进行颁奖； 2.合影。
10：40	各班有序退场。

七、活动须知

1.幼儿自带水壶，在活动过程中按需喝水。

2.各班提前准备队服、口号，展现各班级的特色。

3.参赛队员着装要求：运动服、运动鞋。

参考文献

[1] 黄人颂.学前教育学［M］.北京：人民教育出版社，2015.

[2] 丁海东.幼儿园游戏组织与指导［M］.长沙：湖南大学出版社，2015.

[3] 滕宇，王艳红.学前教育原理与实践［M］.北京：北京理工大学出版社，2018.

[4] 范明丽，朱学英.幼儿游戏与指导［M］.北京：北京师范大学出版社，2020.

[5] 张首文，白秋红.幼儿园体育活动设计与指导［M］.北京：人民邮电出版社，2017.

[6] 柳倩，周念丽，张晔.学前儿童健康学习与发展核心经验［M］.南京：南京师范大学出版社，2016.

[7] 中华人民共和国教育部.3~6岁儿童学习与发展指南［M］.北京：首都师范大学出版社，2012.

[8] 周梅林.《幼儿园工作规程》（2016版）解读［M］.北京：北京师范大学出版社，2017.

[9] 戴平.幼儿园体育活动与体育特色课程研究［M］.北京：北京体育大学出版社，2017.

[10] 王丽莉，赵永利.学前儿童健康教育［M］.南京：南京大学出版社，2017.

［11］王慧玲.幼儿园健康教育活动设计与指导［M］.北京：北京师范大学出版社，2016.

［12］华爱华.幼儿游戏理论［M］.上海：上海教育出版社，2015.

［13］唐勤.幼儿体育课程游戏化优化教学设计［J］.读写算，2024（3）：98-100.

［14］邱素艳.开展幼儿园篮球特色活动的途径［J］.天津教育，2024（3）：7-9.

［15］唐丽琼.户外体育运动中促进幼儿动作发展的策略研究［J］.教师，2024（2）：87-89.

［16］廖光勇.幼儿园户外体育游戏活动的设计［J］.新课程研究，2024（2）：113-116.

［17］沈敏燕.游戏化改革下的幼儿园体育活动构建探析［N］.科学导报，2024-01-09（B02）.

［18］赵宁.让"哨音"在幼儿园体育活动中响起［J］.早期教育，2024（1）：53.

［19］郭小瑜.幼儿园开展体育游戏教学的策略研究［J］.教育界，2023（36）：104-106.

［20］韩立明.幼儿体育发展的社会性问题与解决路径［J］.邢台学院学报，2023，38（4）：187-192.

［21］李道学.提高幼儿园体育教学活动有效性的策略探讨［J］.成才，2023（23）：69-71.

［22］马小艳.浅谈幼儿园体育活动的组织与实施［J］.好家长，2023（40）：88-89.

［23］巩孺萍，梁豆豆.亲子运动会［J］.早期教育，2023（49）：2-5.

［24］王海莲.幼儿教师体育素养提升策略分析［J］.新教育，2023（34）：81-83.

［25］刘娟.幼儿园"乐动"体育课程的构建与实施［J］.学前教育研究，

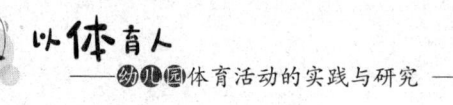

2023（11）：87-90.

［26］李秀玲.利用游戏化体育活动促进幼儿体能发展［J］.启迪与智慧（上），2023（11）：45-47.

［27］本刊编辑部.幼儿园体育活动蕴藏的教育智慧［J］.今日教育（幼教金刊），2023（10）：4-5.

［28］徐咏颖.幼小衔接背景下幼儿园开展生活化课程的策略［J］.名师在线，2023（29）：87-89.

［29］包莹莹，刘胜男，安晶.关于加强学前体育教育的现实思考［J］.体育视野，2023（20）：143-145.

［30］王真真."儿童本位"理念下幼儿园室内体育运动的实践研究［J］.试题与研究，2023（29）：176-178.

［31］朱莹.以兴趣为导向的幼儿园体育游戏化教学模式探讨［J］.智力，2023（29）：183-186.

［32］李萍.动而有乐　动而有效——提高幼儿园户外运动质量的几点思考［J］.好家长，2023（33）：48-49.

［33］周结华.幼儿园心理健康教育课程的探索［J］.广东教育（综合版），2023（10）：60-61.

［34］曹莉.城区幼儿园户外体育活动环境的改善对策［J］.早期教育，2023（40）：56.

［35］杜萌，朱忠琴.幼儿体育活动与体育游戏发展策略探究［J］.基础教育论坛，2023（18）：56.

［36］陆秀英."六步式"早操助幼儿健康成长［J］.儿童与健康，2023（9）：4-6.

［37］包倩.幼儿园体育与家庭、社区体育协同发展的研究［J］.体育教学，2023（S1）：4-5.

［38］潘泓宇.幼儿园体育教学中渗透心理健康教育的策略研究［J］.体育教学，2023（S1）：33-35.

［39］蒲代芳.传承文化,以体育人——幼儿园开展民族体育游戏让幼儿的游戏更精彩［J］.体育教学,2023（S1）：205.

［40］郑隽斌.关于幼儿园户外自主体育游戏活动的开展探究［J］.当代家庭教育,2023（16）：5-7.

［41］许柯玲.幼儿园自主式体育游戏的研究和实践［J］.好家长,2023（26）：64-65.

［42］韩娟娟.幼儿园"快乐早操"的创编经验［J］.上海托幼,2023（Z2）：64-65.

［43］聂莉莉,岳红.幼儿园教育理念转变之"早操变形记"［J］.家教世界,2023（6）：14-15.

［44］张靖文.活力运动,阳光早操——幼儿园早操活动的创编与组织［J］.家教世界,2023（6）：61-62.

［45］黄小燕.幼儿园主题活动的实施策略［J］.家长,2022（15）：153-155.

［46］罗新金.幼儿园体育活动渗透健康教育内容策略［J］.新教育,2024（8）：91-92.

［47］王艳青.乡土资源在农村幼儿园的开发与应用［J］.广西教育,2024（7）：70-72.

［48］黄亚群.幼儿园户外体育活动材料一物多玩的实践研究［J］.家长,2024（7）：52-54.

［49］常碧如,郭昳,白荣.深度学习理论视域下幼儿园体育教学活动设计［J］.今日教育（幼教金刊）,2024（2）：40-43.

［50］杨海文,杨玉玲.幼儿园体育情境教学实践探究［J］.体育世界,2024（4）：81-83.

［51］李海琴.关注幼儿体育锻炼携手开展项目研究［J］.山西教育（幼教）,2024（4）：33-35.

［52］贾晓雯.幼儿园户外体育游戏的支持策略［J］.好家长,2024（9）：

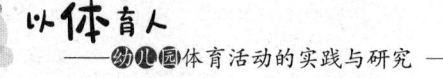

81-82.

[53] 陈钱.幼儿园混龄体育活动中教师支持的有效路径[J].学园，2024，17（9）：90-92.

[54] 王泽刚，张波.体教融合背景下幼儿园体育活动的现实困境与发展路径研究[J].冰雪体育创新研究，2024，5（5）：145-147.

[55] 卢婷婷.幼儿园民间体育游戏的创新[J].山西教育（教学），2024（2）：95-96.

[56] 许杰，黄巧婷，管一世，等.从缘起到建构：幼儿园室内运动环境构建研究[J].早期教育，2024（5）：7-9.

[57] 范欣.幼儿园户外"自主"运动组织实践[J].教学管理与教育研究，2024，8（2）：30-32.

[58] 刘馨.学前儿童体育[M].北京：北京师范大学出版社，1997.

[59] 庄弼，任绮，李孟宁，等.幼儿体育活动及其内容体系的思考[J].体育学刊，2015，22（6）：64-70.

[60] 顾荣芳，薛菁华.幼儿园健康教育[M].北京：人民教育出版社，2004.

[61] 张莹.动作发展视角下的幼儿体育活动内容实证研究[J].北京：北京体育大学学报，2012（3）：133-140.

[62] 田麦久，刘大庆.运动训练学[M].北京：人民体育出版社，2011.

[63] 刘馨.幼儿体育活动设计与指导[M].北京：北京师范大学出版社，2004.

[64] 董奇，陶沙.动作与心理发展[M].北京：北京师范大学出版社，2002.

[65] 邓树勋.运动生理学[M].北京：高等教育出版社，2001.

[66] 李海涛.幼儿园体育活动内容研究[D].金华：浙江师范大学，2012.

[67] 缪洋.幼儿园小篮球游戏化教学实践策略[J].中国学校体育，2021，40（6）：68-69.

[68] 彭盛斌，刘静，缪洋.基于"小黄豆"运动学习案例的幼儿运动学习特点与方式分析[J].体育教学，2020，40（5）：49-50.

[69] 林丹华. 浅谈幼儿园早操活动的创编［J］. 青少年日记（教育教学研究），2018（2）：72-73.

[70] 王廷妤. 幼儿早操活动现状及对策探究［J］. 成才之路，2022（9）：105-107.

[71] 刘霞. 浅谈幼儿园早操活动的开展现状与应对策略——基于川南片区15所公立幼儿园调查［J］. 冰雪体育创新研究，2021（18）：110-111.

[72] 王燕，黄文英. 幼儿园体育教学中存在的问题及对策研究［J］. 江西社会科学，2001（2）：125-126.

[73] 顾明远. 中国教育大百科全书［M］. 上海：上海教育出版社，2012.

[74] 李金泉，李荣. 幼儿体育［M］. 北京：高等教育出版社，2013.

[75] 任绮，高立. 学前儿童体育与健康［M］. 北京：清华大学出版社，2012.